A BEST-SELLER
OF WORDS

会说话的畅销书
——如何写好图书策划案

[美] 杰夫·赫尔曼 著
[美] 黛博拉·莱文·赫尔曼

陈梅玥 译

人民日报出版社
北京

图书在版编目（CIP）数据

会说话的畅销书：如何写好图书策划案/(美)杰夫·赫尔曼,(美)黛博拉·莱文·赫尔曼著；陈梅玥译. -- 北京：人民日报出版社, 2019.11
ISBN 978-7-5115-6261-6

Ⅰ.①会… Ⅱ.①杰…②黛…③陈… Ⅲ.①图书—选题计划(编辑工作)—应用文—写作 Ⅳ.①G232.1

中国版本图书馆CIP数据核字(2019)第288480号

Copyright © 2016 by Jeff Herman and Deborah Levine Herman.
Published in USA by Turner Publishing Company All rights reserved.
The simplified Chinese translation rights arranged through Rightol Media （本书中文简体版权经由锐拓传媒取得Email:copyright@rightol.com）
著作权合同登记号：图字01-2020-2451号

书　名：会说话的畅销书——如何写好图书策划案
作　者：[美]杰夫·赫尔曼　[美]黛博拉·莱文·赫尔曼 著　陈梅玥 译

出 版 人：刘华新
责任编辑：刘晴晴
特约编辑：杨振宇
封面设计：刘　颖

出版发行：人民日报出版社
社　　址：北京金台西路2号
邮政编码：100733
发行热线：（010）65369527　65369846　65369509　65369510
邮购热线：（010）65369530　65363527
编辑热线：（010）65363105
网　　址：www.peopledailypress.com
经　　销：新华书店
印　　刷：三河市双峰印刷装订有限公司
法律顾问：北京科宇律师事务所　010-83622312

开　本：880毫米×1270毫米　1/32
字　数：114千字
印　张：8
版　次：2020年6月第1版　2020年6月第1次印刷

书　号：ISBN 978-7-5115-6261-6
定　价：65.80元

献给所有需要小小助力实现出版梦的人。

目录

致谢 1
简介 3

第一部分
如何策划畅销书

第一章
诞生想法 3

第二章
定书名 7

第三章
什么是图书策划案 13

第四章
图书策划案是什么结构 19

第五章
随手建立数字化足迹和平台 29

第六章
最佳虚构类作品梗概 41

第二部分
策划实例

点评8份已签约的图书策划案 ·············· 47
图书策划案 1 ·············· 49
图书策划案 2 ·············· 83
图书策划案 3 ·············· 115
图书策划案 4 ·············· 135
图书策划案 5 ·············· 151
图书策划案 6 ·············· 175
图书策划案 7 ·············· 201
图书策划案 8 ·············· 213

致谢

感谢各位有才华的朋友，让本书的出版成为可能。我们感激特纳出版社出色的工作人员，以及他们的技巧、信任、耐心。感谢托德·波托夫、安吉·丽丝戈、琼·奥尼尔、史蒂芬妮·比尔德、马蒂·科斯伦、裘琳·巴尔托、珍妮佛·刘易斯、安吉拉·普莱莫、西德尼·马修等。

本书中10份图书策划案的作者们慷慨地贡献了他们的文案，热切希望能帮助其他作者。本书列出了每一位作者以及其著作的相关信息。须留意的是，以下标题显示的是每本书最终出版时的标题，很多情况下，出版时的标题和图书策划案中暂定的标题不尽相同。

亚当·托普雷克《做你的顾客的英雄：一线服务的实战窍门和技术》（艾默康出版，2015）

苏珊·舒姆斯基《瞬时治愈：获得内心力量，接纳自我，改变命运》（新页面图书出版，2013）

史蒂夫·乐文森克里斯·库珀《完成任务的力量（不论自愿或被迫）》（塔彻/培瑞基出版，2015）

威廉姆·西格雷弗斯《成为自己最好的老板：重塑自己变身企业家》（塔彻/培瑞基出版，2016）

苏珊·皮斯·巴尼特《创伤工具包：由内而外治愈创伤后应激障碍》（追求图书出版，2012）

马克·安东尼《不朽的证据：与逝者的灵魂交流》（卢埃林出版，2015）

黛博拉·桑德拉书名待发布（红轮/韦瑟出版，2016）

佩芮·马绍尔布莱恩·托德麦克·罗德斯《谷歌广告栏终极

指导：如何在10分钟内吸引10亿人》（企业家出版，2014）

道格·德维特雷《屏幕间销售：如何使用最新技术加强销售、生产力、客户体验》（麦格劳-希尔出版，2015）

西奥·陶西德斯《大脑障碍：克服7大隐藏的成功壁垒》（普伦蒂斯霍尔/企鹅兰登出版，2015）

简介
为什么写图书策划案很重要？

图书策划案是非虚构类图书作者的职业工具。许多作家想要跳过这一步，但很快他们就发现即便是很红的作家也必须乖乖走这一步。传统出版业会使用纸稿，但也不排斥电子稿，图书策划案无非意味着作品存有书面形式。无论是何主题，非虚构类图书应该有强有力的内容，吸引出版社和版权代理人。有力的图书策划案就像是怂恿潜在投资者（比如出版商）掏钱的商业计划。

本书已是第三版。多年来，我们总结了一种效果极佳的图书策划案形式。根据出版业的变化，我们做了调整，并展示了新型图书策划案，结构、理念基本和过去一致。版权代理人和编辑为出版社物色好书，忙碌异常，试想他们每天要阅读多少书面材料。在用互联网传送文件普及之前，版权代理和编辑的办公室里摆满了成箱、成堆的稿件，一些急切的作者甚至把稿件从窗子塞进来，希望它们能被发现。

图书策划案成了整合重要信息的必要工具，让代理和编辑一眼就能决定一本书是否有出版价值。它不仅描述了图书内容，还预测了代理和编辑评估该书市场性时会提出的问题，并给出回答。有一个严峻、冷酷的事实：出版业评估出版项目时，第一考虑的就是该书的市场性，这不是价值的问题，所有作者和作品都有潜在价值。出版第一考量的就是该书在目标读者中是否有市场。

这就显示出图书策划案的重要性。在文案中，作为作者，你可以提供有力支持信息，吸引代理或编辑深入了解。图书策划案的真正价值在于，你无须写完整本书稿，也可能获得出版合同。

写出全稿再联系出版社，你的付出就可以称得上是一种投机行为。对于非虚构类书籍，常见的情况是出版商喜欢你的想法，但还会出一些点子来更好地定位你的作品。这就意味着稿件需要大量改写。图书策划案不仅能为你赢得一份合同，更能带来一位编辑，一路助你写出更能适合市场的作品。

1993年我们首次写这本书，此后出版业已有变化。2001年我们写第二版时，压根儿没料到技术会如此颠覆出版业。现在非虚构类书籍作者的空间越来越少，意味着对图书策划案有更高的质量要求。如果你想从传统出版业获益，必须花大量心血写图书策划案。周密的图书策划案可以成为一部优秀著作的蓝图。

图书策划案的内容

图书策划案向出版商或版权代理人展现书的内容和必要性，以及你为何有资格写这本书。另外，文案还回答以下问题：

1. 你是谁？你为何写这本书？
2. 这本书会有市场吗？
3. 市面上有哪些互补或同类书籍？
4. 如何将你的书推向市场？
5. 你有何种传统平台或网上平台，可以支持你的作品吗？
6. 你计划如何推广这本书？
7. 你有没有什么特别的背书？

多年来，图书策划案的形式在演变，但始终有一个基础的形式，万变不离其宗。我们认为应该要在文案中传达对作者和出版商都有利的信息。记住：并不存在图书策划案的金科玉律。总会出现创新，许多作家大胆创新，成果丰硕。但如果你是新人，我们建议你在传统的工作方式中养成好习惯，这将更有利、更便捷。

这里我们列举了一些图书策划案的必需元素，按实用性排序。你完全可以打乱顺序，对你文案特别重要的信息要优先呈现出来。无论顺序如何，即便是发送电子版，你的图书策划案也必须格式正确。现在，多数代理和出版商都接受电子文案，但你必须先询问并得到允许（留意你的询问邮件的措辞）。

1. 标题页
2. 图书策划案目录
3. 概述
4. 作者介绍
5. 书籍目录（可选）
6. 互补性和竞争性图书书名
7. 市场
8. 平台
9. 推广
10. 目录
11. 各章纲要
12. 样章
13. 附录（可选，用来补充作者背景）
14. 电子媒体工具包（可选）

如何使用本书

我们发现学写简历最好的方法是习读人们求职成功时用的简历，于是我们起意写了这本书，让作者参考成功出版书籍的图书策划案，成效颇高。读一读范本及其优势和劣势的分析，你就不会毫无头绪了。

我们认为，学习如何写图书策划案的最佳方法就是学习已成功签约的文案，了解这些文案的优、缺点将对你大有裨益。

这已经是本书的第三版了，从第一版至今已有20多年，一路到了新千年，我们精选了10份最好的图书策划案，涵盖多种话题，并做了评论。我们和本书提到的每一位文案作者都合作过，每部作品都已与传统出版社签约了。

和我们一起阅读这些图书策划案，你会接触到各种格式、美感和表达风格；会清楚明白为什么每一份文案都能够最终出版。接触成功文案的各种风格能帮助你找到自己的风格。

第一部分各章简要解释了图书策划案的各部分，并针对作者可能遇到的问题提了一些建议。

第二部分是真实的图书策划案，其中一些因篇幅限制做了删减。本书的最后是图书策划案条款和推荐书的简短附录。

杰夫·赫尔曼

黛博拉·莱文·赫尔曼

第一部分

如何
策划
畅销书

第一章

诞生想法

创作一本书前,有件非常重要的事:知道自己要写什么。这听起来非常容易,然而,如果你看过这25年来成千上万的出版文案,便会发现作者们最常见的问题:创作思路不清。

理想状况下,一种构思会促使作者创作一本书,然而,为创作而构思的情况也不鲜见。人们劝说许多专业人士出版专业相关书籍,提高身价。这些专业人士不见得有情绪或欲望来创作,但他们的才智告诉他们出版书籍有助于事业发展,这一点起了决定性作用。通常,他们(署名人)将书籍执笔外包给专门的写作人员,从各层面看都不成问题,尤其因为署名者本人提供了所有内容,写作人员仅是筛选、编辑内容。许多人有出色的内容,却没有出色的写作技巧、积极性以及时间。不计其数的高质量书籍并非由署名者执笔写作。

讽刺的是,为提高身价而"写作"的书籍通常比作者发自内心的创作更专注于所传达的观念,这并不意外,因为人类的才智比原始、无序的情绪更有条理。不过,我们内心所想常常比理性想法更有趣、坦率,前提是我们能够清楚地把内心想法表达出来。想象下班后和朋友喝咖啡,小酌聚会,谈话内容很可能就是一连串计划外、片段式的"干货",一个或若干方面内容就可能成为整部书稿的基础。

遗憾的是,你最想写的内容对于你的朋友或家人以外的人不见得同样有意义。比如,参加公开推广会的版权代理人和编辑都会准备好婉拒一些鲜有作品的作家写回忆录或自传的想法,因为缺乏商业价值。幸好，传统出版业并不是唯一的出版途径，然而，要打进传统出版业的话，你必须构思一本出版社希望出版的书，而非你希望他们出版的书。你需要研究市场中已经成功出版的书籍题材，这是能验证你的构思是否可行的最好办法。

选择主题只是开头，有时也是尽头。出版专业人员会从主题的质量、资历、功能、故事、编辑技巧等评估你的图书策划案，并考量市场上的同类书籍和市场需求。他们必须看到一本未知书籍未来能带来的利益，以及必须出版的理由。图书策划案中，你必须清楚呈现出你的构思的商业、编辑价值。"会说话"是一笔财富，却不见得能为你"说"得一纸出版合约，尤其当你欠缺编辑呈现能力时。不似即兴讲话或广播节目，书籍用文字呈现。即便你使劲闯过门卫得到了和出版负责人面对面的机会，你的申请也必须要足够有说服力才能赢得合同。出版计划书如同一本蓝图，不仅展示出你的才能，而且证明你的作品能取悦市场，持续发展。

写书，最美妙的一点是令作者得到一个无与伦比的机会：融入普罗大众的生活。在你的一生中，只有少数人能通过工作、家庭和社交来真正认识你，而你的作品能给每一个读者留下深刻、长久的印象。

要准确找到写作内容，你可以回答以下问题：

什么是你最热切想分享的内容？你理解自己的创作动机吗？你寻求的是拓展事业、成名、治愈内心、取乐、赚钱还是其他目的？你完全可以有多重，甚至多变的创作原因。

还可以问自己：你有何必须分享，吸引大家的内容？为什么？你乐于思考（幻想）什么？你通常为自己或其他人担心什么？你喜欢谈论什么？你擅长什么？你的工作是什么？你休闲时做什么？你生命中最念念不忘的经历是什么？

自我评估能大大帮助你找到最有用的话题和信息。提炼你自己的想法能让你的图书策划案更清晰。你应该多问问自己为何要写书，要提供给读者什么信息，你问得越多，你的文案就会写得越好。你就能拥有一本好书的种子。我们发现多数不成功的图书策划案存在的问题是：核心观点薄弱，无法支撑整份文案。

问过自己以上问题后，当你开始写图书策划案，回顾这些问题，确认自己的核心观点是否发生了变化。书的内容不是锁定的，最终完成前都可以有弹性空间。你可能边创作边改动书的走向。文案最难的部分就是核心观点。在电影作品中，这通常被称为故事精简概括，是书的精髓，可以用一到两条线呈现出来。这本书是关于什么内容的？书里发生了什么？会如何改变读者？读者会收获什么？无论何种题材，每一本书都需要存在的理由。

练习：优秀的核心陈述可以精简到10个词以内。用词需直观明了，触动人心，读来就好像和投缘的人交谈。不要误认为你有时间慢慢解释书的内容。如果你不能用少于10个词表达清楚你的想法，继续想，重新表达。你没有机会向读者详细介绍书的内容，必须让他们马上能看到或感受到，不然他们就走了。畅销终究是要靠口碑的，无论是媒体口碑、社交媒体口碑或口耳相传的好口碑。你必须把想法包装得简单动人，才能让好口碑扩散出去。

有一点：尽管你可能不信，但世界上真的没有新想法了。世界这么大，每一个人每时每刻都在创造和思考。然而，你千真万确是独特的。说你自己想说的，永远有更好的解决问题的办法，或对老办法有更好的解释。可以很确定地说，现在公众面对的事，几千年前的人们也经历过，不过形式和环境不同而已。人们的生活和压力永远在变化，但基本的人性几乎保持不变，至少保持了3万多年，大约从人类区别于其他物种出现就在地球上开始了。

潮流来来去去。比如，膳食类书籍每隔十年热门个三年，然后就会过于泛滥。你最好能引领潮流。不过，不管写什么题材，只要有独特见解，加上掌握出版的条款，你都会成功。

第二章

定书名

定书名是你出版道路上最重要的第一步。为什么这么说？请牢牢记住，一旦你的书上市了，明智的编辑会把这本书的书名抛到九霄云外，但在目前这个阶段，你需要好书名，甚至最好的书名。

理由一：好书名会吸引出版社或版权代理人。

理由二：定出好的书名很难，会迫使你专注在书的核心信息上，从而完整地构思出理想的图书策划案。

理由三：图书策划案是你浇灌的一棵树，而好的书名是树干。万一跑偏，你可以想象精心定好书名的那棵树，它会引导你重新回到主题上。

理由四：好的书名让你能一脚踏进出版大门，而文案的其他部分能让你受邀成为座上宾。

比如：《轮到谁来推大众车？》

这是杰夫多年前收到的一本关于客户服务的书的书名，明显有误导性。杰夫当时还以为是本描述公路旅行的个人叙事书，读了以后，杰夫惊奇地发现这是一本构思上乘的商业创业指导书籍，作者信誉极佳且营销资源丰富，他签下了这本书，第一时间和作者一起想了一个更好的书名。随后他们不费吹灰之力就找到了出版商，书名随后还修改了几次，直到各方都满意为止。

拟一个好书名

拟临时书名的第一原则是：无害。认真对待书名。糟糕的书名就像糟糕的服装，会让别人误判你的文案（乃至你的书），读之前就留下了坏印象。要么误会书的内容，要么犹豫不决。操劳的版权代理和编辑需要一个阅读文案的理由，他们想要寻到宝。你的任务就是确保不出现任何严重错误，不要让他们还没全面评估就否定你的作品。图书策划案中可能会有不足和疑问，但如果你的书名很糟糕，那你绝对会被否决。

你需要拟一个有吸引力、但不会让读者困惑的书名。看过你的文案，人们就会了解书的主题；标题平淡、清楚，好过花哨不清。出版公司追寻的是新颖巧思，但你的巧思中所呈现出来的缺点却会如铺天盖地的噪音日日烦扰编辑和代理人——这一点，你在构思出版文案和书籍时应该会有所考虑，但在拟标题时，仍须牢记于心。标题就是你的鱼饵，在编辑眼前晃悠，引诱编辑"一咬上钩"。

读者们会选择主题呈现清楚的书籍。这或许是老生常谈，但构思书的结构、拟标题时，你还是要将它牢记于心。编辑和版权代理人也是人，常会选择代理或推广他们自己也觉得有益的出版项目。因此，你必须从标题开始，就能清楚呈现出"这对我有何益处"这一点。

复习一下：标题应注意什么？

1. 要清晰。
2. 要表明书的主题。
3. 在"花哨不清"和"清楚、平淡"中，选择后者。
4. 巧妙平衡两者。

拟标题时，你是在努力将娱乐元素——平衡读者的"需要"和"想要"，提供给读者和编辑、代理人（作者和读者间的桥梁）。平淡、清楚的标题好比原汁原味的食物，在那之后你可以"加料"增添趣味。起标题要多花些心思，千万不要想到一个过得去的标题就抱着不撒手了。

通常作家写图书策划案就是写完了事，一定要改变这样的想法。图书策划案是为你自己而写，对你有利。多花些时间写文案能让你成功的可能性更大。

示例：

比如你正在找关于销售的书籍。如果一本书的书名是《永远别在周末》，你很可能会跳过这本书，因为看不出这本书是讲销售的。这本书其实是讲如何在周末不加班的情况下让销售翻番，但你从书名中看不出这点，即便你就是一个不想周末加班的目标读者，你也不会买这本书。因此，类似《周末不加班，销量也翻番》就比原来的标题更好，让人立即联想到一幅画面：疲惫的职员闲适地躺在吊床中，或侍弄花草、或阅读，而不是在办公室埋头苦干。

人们会对书名本能地产生联想。假如你是一个销售人员，想找一本书来改善销售状况，你很可能不喜欢类似《停止流失订单》这样的书名。这样的书名或许触到了你的需求点，但营造出了一种感觉：你是一个失败的销售。这本书更像是在批评，而不是帮忙解决问题，因此，像《不用周末加班就能销量翻番》这样的书名总体来说更好。

让读者有想法和期待，书里的内容就应该实现书名让读者产生的期待。没有人想买一本内容和书名严重不符的书。

内容回顾：
1．书名应简单易懂。
2．书名要有画面感，能引发联想，引导顾客购买这本书。
3．确保书名体现出你对读者的承诺。

  当然，事无绝对。有许多成功的书籍看书名根本不能猜到内容，最著名的例子就是《你的降落伞是什么颜色的？》。这本书1970年由理查德·尼尔森·博勒斯自费出版，1972年起商业出版，至今全球售出1000多万册。这是一本职业发展类的书籍，是当时相当成熟的平台的衍生品。这本书一直是"文不对题"的代表，不过鉴于如此傲人的销量，博勒斯可以想怎么命名就怎么命名。

  书名越费解越容易使顾客去选其他类似、甚至更糟的书。读者、版权代理或编辑会选择他们最有共鸣的书。在书中和文案中你都有许多展示你写作水平的机会，但书名不适合过度创作。定书名时要用上你敏锐的商业嗅觉，不要让你的书错失机会。

  已经晕头转向啦？我们的书会让你觉得写图书策划案是件简单活儿。你可以按这本书或我们其他的指导书进行练习，甚至找我们做你的写作指导，但估计你仍然会觉得选书名是最具挑战的部分。不过，一旦你定好了书名，配上清晰的结构，一切都会井然有序，结果会令你满意的。

  记住：宝洁等快消品公司会在洗衣粉这类普通居家产品的命名上花费大量资源。营销、心理、常识结合在一起的效果往往异常惊人。如果你知道什么能够触动人心，那你一定能让人们买你的产品，比如，汰渍就是一个出色的洗衣粉品牌名，让人联想到水的冲刷。设想如果洗衣粉品牌用菌类命名，那销量肯定一落千丈，至少我们估计是这样。

还有一点很重要，快消品公司在品牌名字上投入大量资源，是因为他们知道为使人们购买他们的产品，就需要在品牌名上做营销，提高品牌知名度，别无他法。然而，作家们似乎不愿意承认他们的创作不只是作品，还是产品。为自己创作当然很好，但如果你希望其他人也来读你的创作，你就应该给书起个好名字，让大家都来关注。

如何拟一个好书名？

我们希望能有一本书名名录，记录所有好书名，这样你就不用煎熬了，只是这并不存在，当然也不应该存在，因为创作书名也是写书的乐趣之一。会让你对自己的作品有更深的感情。要考虑如下内容：

人类通过画面思考，并受情感驱使。最好是将精力放在强化读者的所见所感上，而不是试图解释你想让他们看见和感受的事物。不受欢迎的政府很有可能会倒台，除非他们使用各种思想控制、压制、恐吓等手段。幸运的是，尽管有些人会说思想控制确实能刺激书的销量，美国作家并没有使用这样的策略。

《30天瘦大腿》一直是我们最钟爱的书名之一：清晰明了，无须解释；顾客要么喜欢，要么没兴趣。另一个好书名是《无风险致富》，这明显有做白日梦的感觉。我们知道唯一无风险致富的方法是继承财富。大概也因此，该书作者开设的同名课程被强制停止。这门课程非常受欢迎，（对他来说也）获利颇丰。不管怎样，这是一个很棒的书名，满足了每个人的期待，尽管它不太现实。

第三章

什么是图书策划案？

在出版界，非虚构类书籍的作者不需要提前将整部稿件提供给出版商。实际上，多数非虚构类书籍在写稿之前就已经签下了出版合同；收预付款前需要完成的就只是图书策划案。这样的运作已经行之有年，在短期内也没有改变的迹象和理由。善于写文案的作者可以在完成创作之前就先测试市场。更棒的是，还能在写书之前就先确保部分的款项入账。掌握如何写一份有说服力的图书策划案是有经济效益的。

为什么非虚构类书籍这样运作？为什么虚构类图书作者需要事先完成全稿，再找出版社？

好问题。在回答前，我们想介绍一下大环境：出版商并不在意作者是否喜欢现行运作方式。这不是说你不能破坏规矩，但确实不遵循规矩的人会处于劣势，因为人们不太愿意跳出原本的舒适圈思考和行动。有时候，破坏规矩的人成功后就成了传说中的"例外"，偶尔他们还会成为新规矩的制定者和引领潮流者。

规矩的存在，其实就是希望人们遵循规矩去运作。这并不意味着不可以或不会改变，而是说改变就意味着起冲突，改变总在跌跌撞撞中发生。一些长期遵循规矩的人想尝试些新事物，改变由此发生。多数改变发生之初都备受奚落，孤掌难鸣。如果这个改变没用，就会像一些讨人厌的病毒，感染一部分人后逐渐消亡。但如果这个变化可以让人们大大受益，且反复证明有效，那就极可能会保留下来，改变陈规。比如，出版公司从使用电动打字机到文字处理机的过渡很慢,但终究难以抗拒大趋势。这个变化大大改变了出版公司的运作,且结果皆大欢喜。工作的形态变了,有些人也不再胜任。

出版方要求虚构类图书作者事先完成创作,因为虚构类作品的创作远比非虚构类作品脆弱和不稳定。小说太容易虎头蛇尾,甚至烂尾,必须全部完成,才能确保这部小说从头至尾都足够出色。相反,非虚构类作品的内容质量相对稳定连贯。文笔好、组织好的图书策划案,附上一至二章内容,通常足以证明这本书能够落实其承诺的内容。

为什么虚构类和非虚构类作品的分界如此明显?说实话,没人能明确地回答,但证据会说话。有个流行心理学理论,也可能只是我的理论,说写作是由大脑不同部位来完成的。有一说,更具创造性的写作由大脑比较脆弱的部分完成,而基于事实的写作则动用了大脑更坚实的部分。这就有助于解释为何许多非虚构类作品的作家无论多努力都无法创作虚构类作品,而一些虚构类作品的作家无法将想法组织成一部连贯的非虚构类作品。也可能我们并不知道我们在讨论什么。

图书策划案为谁而写?

首先是你,作者本人。专注写出好的图书策划案,最终你将会写出一本好书,因为前者能为你在踏上写作征程前定好路线。写图书策划案看着挺麻烦,实际上这个过程能让你训练大脑,让你在写作中更高效高产。

再有,图书策划案是写给你的"买"家看的,你需要推销你自己来争取到一份合同。版权代理喜欢你的文案,就会愿意做你的代理;编辑喜欢你的文案,就会想要出版你的作品。图书策划案越出色，合同条款就越喜人。

图书策划案是什么样的？

图书策划案就像一份加长的推销手册，目的是引起关注、回答问题，还要让人有兴趣与你签约。如果说内容是国王、王后，那字体和美感就是有权势的王子、公主。你得让你的图书策划案简单易读，赏心悦目。老实说，只有蠢蛋或者自作聪的人才会在这一步犯错。选择一种常见的字体和格式就好，不要在传统和标准方面犯错。标新立异是把双刃剑：有人看见其中的亮点，另一些人则视其为不完善的作品。

如果你的作品是标新立异的，你需要附上作品原型，让人们更能理解，同时要有符合传统标准的图书策划案。按部就班可能对于一些人来讲反倒意味着不符常理，然而，版权代理和出版编辑习惯于遵循一定模板，如果你不使用他们最习惯的模板，你可能会搬起石头砸自己的脚。然而，从另一方面来讲，如果没有人愿意冒这样的风险，各行各业都不会发展。

为了让读者有良好的阅读体验，通常需要使用1.5倍行距和较短的段落，并且清楚地标明各部分的起始和结尾。亮点需要非常突出。为什么？因为版权代理和出版社编辑需要读大量的图书策划案，不乐于读到难懂的文字。你不能让他们不开心。让"门神"说"请进"是很不容易的，所以，避免任何可以避免的错误。冗长的出版计划会让人没开始读就产生抵触情绪。如果图书策划案看着很吸引人，读者就不会一开始就感觉厌恶。同时也记住，你的文案应该同时适应屏幕和影印本，哪怕是递交的是电子版文案也要符合这点。

不可否认，人就是首先受情绪驱使，其次才是理智。如果人们不喜欢他们感受到的或看到的，一般就不会和你谈下去，除非你能够清除这些最初的障碍。苏维埃政府时期，市场营销就全无用武之地（尽管意识形态本身被大肆营销），因为市场上并无竞争。通常只有一种产品对应相应的刚性需求：比如，牙膏产品就叫牙膏，既没有漂亮的包装，也没有品牌。市场上没有竞争，工厂也不担心销售。现在，俄罗斯和多数国家一样，有市场竞争。人类需要娱乐、浪漫、诱惑，不然，就会变得消沉、沮丧、懒散。

写图书策划案要花多少时间？

不同书籍的文案不同，每个作者的写作节奏也不尽相同。比如，写作水平决定了回忆录或记叙作品的质量，因此这类作品需要事先至少完成一整章或有比较详细的大纲。手把手教学的作品则截然不同，这类作品的质量更大程度上取决于对相关信息的组织能力，而非写作水平。所以，一份相对简短的大纲就足够了，尤其是当作者本身还有成功的出版记录时。初次写图书策划案大约会花费20至40小时，经过一段时间，你一定会写得越来越快、越来越有把握。

动笔前思路越清晰、越专注，动笔后速度就越快。对自己的作品缺乏决断，作者就会陷在沮丧、不满的情绪中。在写完图书策划案前，你如果还是没能理清思路，你的创作也会受到影响。写图书策划案是整理你的大脑的黄金机会，作者们常常在这个过程中调整自己的想法。当然，调整了想法意味着要花费更多的时间和精力，但总比在写书稿过程中调整想法花费少。

写图书策划案时不要纠结花多少时间写。实际上，好的写作无法用投入的时间来衡量。确实，必须有个截止日期，在截止前递交作品也非常重要，对于记者而言尤为如此。大多数时候你应该给自己预留充裕的时间。不要太完美主义，任何事都有改善的空间，但始终不可能完美。专注在完成这件事，隔两天审阅一下自己的文案，然后结束这份工作。

有不同类型的图书策划案吗？

有，就像有许多不同种类的非虚构类书籍一样。通常，比较依赖写作和叙事质量的书籍的大纲需要长一些，而提供信息为主的书籍的大纲相对比较精炼。有些书需要高超的编辑能力，比如回忆录、记叙文、传记、历史故事等。像教人投资，使用软件或写图书策划案的书就不那么依赖写作技巧和水平。然而，一些非虚构类的作品无法从文案的内容充分评估，作者就需要先写完相当篇幅的书稿，这类作品包括幽默类、流行类、儿童读物类、礼品类、插图类书籍和附有非书籍类产品的书籍。

可以不写策划案直接创作吗？

可以，而且许多人都这样做，尤其是那些准备好无法走传统出版路径就自费出版的人。没有人要求你不直接创作，但是，你确实不需要完成整份书稿就能先得到一份合同，这是图书策划案的一大优势。即便你有完整的书稿，版权代理和出版编辑还是希望可以有简单的文案，只有这样他们才能评估书稿以外的重要信息，最好有每一章的概要。有一点非常重要，版权代理和编辑对未经审核的书稿持谨慎态度，而图书策划案是他们决定该书是否值得投资的重要手段，甚至首要考量。另外，请记住传统出版商不见得能接受你认为已经完成的书稿。我多次遇到出版商坚持要求大幅删减、增补或修改书稿来符合出版需求的情况。

图书策划案只有一种写法吗？

非也，任何最后奏效的方法都是正确的写法。当然，别因此过于离经叛道，最有效的突破常规常常都是打擦边球，比如改变各部分的顺序或删除某部分。当你偏离传统时，要非常小心地决定走向，并且要确保你的文案简单易读。

几乎所有版权代理和出版社编辑都愿意阅读和考虑符合常规的文案，因此，常规的方法也是最保险的方法。不合常规的文案有时会让人疑惑，于是就会被拒绝，即便文案本身是好文案。不是说不合常规就不能成功，但不合常规确实不那么保险。记住，现行模板已经使用了几十年，被广泛接受，人们也无意改变或更新。有时你觉得有些内容显而易见，省略不写，很有可能版权代理和编辑还是会要求你补上这些内容，这样他们才能做出最后决定。决策过程有固定的程序，而图书策划案的模板能很好地使用这个程序。

用有序方式拆分内容是个好方法。我们使用现行的文案格式，因为这是最简单的方法：能确保读者，即版权代理和出版编辑，能够看到最重要的信息。另一个值得推荐的做法是把各部分用标题和副标题分解开。你需要让读者能轻松消化你的文案，不然，他们就会跳着读，很可能眼到心不到，并不是因为你的文案不好。想一想他们的工作状态，然后相应地呈现出你的内容。

我们觉得这种格式没什么坏处，所以，除非有必要，不然别做太多改动。这本书是我们写的第三版。第一版创作于1993年，第二版改编于2003年，现在的第三版已经到了2010年之后了。好多内容发生了变化，不变的是格式，可以衡量一下。

第四章

图书策划案是什么结构?

图书策划案是非虚构类图书作者的职业工具。许多作家都想要跳过这一步,但很快他们就发现即便很红的作家也必须乖乖走这一步。传统出版业会使用纸稿,但也不排斥电子稿,图书策划案无非意味着作品存有书面形式。不论是何主题,非虚构类图书应该有强有力的内容,吸引出版社和版权代理人。有力的图书策划案就像是怂恿潜在投资者(比如出版商)掏钱的商业计划。

我需要按这里的顺序组织图书策划案的内容吗?

不需要。成功的图书策划案有各式各样的组织方法。不过,我们印象中没见过不以"概览"开头,"章节梗概"或"样章"结尾的文案。以下是我们组织自己的文案的方法,这当然不是唯一的方法,在后文的10份计划书范本中你会看到不一样的组织方法。

第一部分 概览

概览就相当于图书策划案的《创世纪》部分,不过,篇幅不及《圣经·创世纪》。首先,概览应该清晰、精准地陈述你计划写的书。实际上,哪怕只有100词的概览,只要能说清楚书的内容,就完全可行。概览需要让版权代理和出版编辑简单、快捷地知道你的作品方向。概览的常见错误之一是:书的内容被淹没在杂乱的概览中。如果版权代理和出版编辑无法读懂你的概览,他们会认为你的想法也十分杂乱,进而否决你的文案。

有一种很好的练习方法:想象你只有30秒的时间描述你的

书。你必须把描述精简到只剩最具启发性、最吸引人的部分，不然就可能让人觉得冗长聒噪。概览就像是诱饵，引诱别人阅读整份文案。它不可以像迷宫、流沙或死亡峡谷，而应该是门厅、大门，让人们觉得只要读下去就会有收获。

我们比较喜欢简洁明了的概览。不过，我们也成功代理过概览超过1000词的文案，是我们推荐长度的10倍。比较长的概览，只要不违反基本规则、影响书的主要内容，我们也可以接受。篇幅长的概览有时可以有效强化作者的文案和作品的重要性。

第二部分 作者介绍

想象一篇满是溢美之词的新闻稿，解释你如何适合写这本书。这篇稿件肯定使用了第三人称，因为是别人在写你。文章中会展示你的专业和个人资质、成就、经历、教育、荣誉等方面最令人印象深刻的部分。结尾可能会写写人的天性，来突出你是多么全能。

以上这篇文章就是你的"作者介绍"，就按这样写。不要太过谦虚，但也不要自吹自擂。不要遗漏优点，也不要说无凭据的话。如果你硕果累累，无法在这部分一一罗列，那最好在文案的最后加上附录，附上你出色的履历、发表物列表、关于你的文章等，或者如果有空间限制，那就附上网站和视频的链接。"作者简介"的附录可以在不打乱文案正文的情况下，给作者多一些自我推销的空间。

第三部分 作者资源平台

时光倒退200年，想象你身处一座嘈杂的公园，你有要事宣布。为了让大家都听到、看到，你需要站到一个又高又坚实的木质平台上，要站得比大家都高。没有这个平台，你就很难，甚至无法引起人们的注意。如果公园里并没有这样一个平台，那你就需要自己准备一个。现在的大环境喧闹杂乱，作者们需要一个实用的平台，或是能够使用其他坚实的平台，只不过如今我们要做的是用键盘或移动设备与目标读者交流。

如何让许多人既买下你的书，还将书推荐给其他人？这个看似基本的问题答案便是你的平台，回答时要千万小心。我们在这章会讨论这个话题，即你的品牌或网上痕迹。出版商不会给你提供平台，也不会允许你之后将你的书作为平台（当然也会有例外）。你需要把自己推荐给出版商，告诉他们在相关领域里，你已经是个小有名气的人了。或者，你必须有和目标读者沟通交流的途径。如果你的书独树一帜，而且你知道如何和读者沟通，逐渐形成的资源平台会让你的书运作起来。不过，这就要求你的文案的各部分都非常出色。

资源平台部分比较棘手，但无疑是你的文案中最重要的部分，10年前的情况还不是这样。说实话，强有力的资源平台可以弥补内容的平庸，但倒过来却不见得适用。一定要记住：平台远比简历重要，哪怕你的简历再出色，也不及平台重要。互联网让世界变得前所未有地喧嚣和忙碌，而最会引起关注的人不见得专业能力最强。不管怎样，"圈中佼佼者"通常确实是最受关注的人，因为他们业绩最高，盈利最多。这种"成败英雄论"在现在商业挂帅的大环境里显得非常合理。大学出版社和其他非盈利出版商是例外，因为他们有出版补助，可以出版乏人问津的好书。营利性的出版商至少需要打平成本，不然就糟了。利润胜过质量，资源平台胜过内容。切记！

出版商需要利用作者的营销资源、技术卖书，和其他消费产品不同，出版商一直没有高效的市场部门。行业始终都没适应多数人都能阅读、买得起书这个事实。出版商在内心深处，始终觉得少数精英、富裕阶层垄断了图书市场。出版商必须使用作者的资源从市场中盈利。

如果你在你的领域内很有名，口碑很好，你的网络流量足够为你宣传，出版商就会使用你的平台，获取利益。出版商这样的期待和依赖很可能和一些作者对出版商的认知不同。事实是什么？出版商确实提供许多便利，但是销售和推广基本上是他们的最弱项。出版业普遍的不透明加深了作者对行业的误判。不过，这不是有意的欺瞒，出版商并不认为他们应该负责销售和推广。起码出版商依赖作者做两件非常重要的事：（1）他们要求作者提供所有内容（不可以有意外内容）；（2）他们要求作者提供营销的资源（平台）。

平台好坏的评判标准很复杂，包括社交网络（朋友、关注者）、互联网媒体曝光率（相关领域内）、演讲活动、其他公开活动等。不要高估你的名字被谷歌搜索的重要性。出版商认为作者有活跃的网站，并带来利润是额外恩赐。你不需要很有名，但你确实需要在你的作品的相关领域是一个被认可的"品牌"。

没有资源平台怎么办？首先，不要让别人知道这一点，不要主动告诉版权代理或编辑你没有资源平台，或有任何其他重大缺陷，但也别骗人。不过，有时候人们没意识到自己拥有的资源。我们成功代理过没有任何资源平台的作者的书籍。其中，每一位作者都有话题或经历，能够一出版就建立起平台，比如真实罪案、新闻、回忆录或者就是老派的吸引人的故事，人们愿意口耳相传。如果你的书属于这一类，那你要证明你的书可以自己产生平台。

对你的书不确定之处,不要乱作保证,不要给自己挖坑。出版商对于这样的保证并不买账,除非你可以确实地做出保证,比如你会自行购买上万册,或自费上万美元推广书籍。

最后,如果你没有名气,你写的内容也没有话题性,你可以考虑先建立一个平台,再找出版商或自费出版。没有资源而选择自费出版也同样不明智,人们要如何知道你的书呢?有许多书教你如何建立自己的资源平台,也不贵,可以买来看看。

第四部分　作者营销计划

营销计划是平台部分的延伸,会告诉你如何运用平台推广作品。营销计划适合写成按数字排序,可以按步骤走的行动要点。例如,第一点可以是向你的5万个电子邮件订阅者/客户发送提醒。第二点可能是利用一些重要的博客拓宽你的影响力。第三点可能是把你的书的合订本发给你认识或能接触到的"大V"们。额外的行动要点可能包括邀请公司购买数百或数千册,供内部员工分发,或者在你出席的一系列活动现场出售。如果某件事你可能可以做,但不能保证,那么最好说清楚,并说你会尽力做到;确定的事就明确说。

营销计划成功与否将会直接影响你得到的合约数量,以及预付款的金额。如果出版商能够有信心在确定的时间内售出一定数量的书,那么在给你的预付款中就会得到体现。

第五部分　书写给谁看(市场)?

显然,你的书要有足够多的潜在读者,出版商才会出版。你的任务就是让出版商看到和相信你的书有一个或多个人数可观的潜在读者群体,你有时还需要证明这一点。不要误认为出版商已经知道或应该知道你有多少潜在读者。最好是把出版商想象成外星人，你也可以趁机展示出你的专长。比如，你的书是关于图书策划案写作，你需要告诉别人有多少非虚构类书的作者。你可以列出每年出版的大量非虚构类作品的书名，包括自费出版的作品。可以合理地推断说每出版一本书，就意味着至少有一位作者期望得到出版方的青睐。不要仅仅局限在最明显的客户群。你还可以列出所有合理的次要群体，比如不断流动的大学教师群体，他们或者发表作品，或者就被淘汰，还有时刻面临失业风险的纸质媒体记者群体。

完成这一步时，要注意别犯一些常见错误。

有些会损害你的文案。比如，太过具体。你不能说：我的书的目标读者是超过一亿的美国成年女性。这种笼统的声明是行不通的，你必须把它分解成可识别的小群体，并解释为什么你的书会吸引这个群体。

有时候市场的确很大，但出版商从经验判断目标客户中没有人会真正买这本书。例如，不能假定美国男人会买一本非商业的励志书，不管这种需求有多明显，除非他们最近才买过这样的书。顺便问一下，你知道有多少本关于葬礼计划的畅销书吗？答案是 0。尽管每年都有千百万人不得不计划葬礼，讽刺的是，关于遗嘱和财产规划的畅销书倒不少。人类的心理难以捉摸，"板上钉钉"的事少之又少。

第六部分　竞争

说实话，这其实是图书策划案中最简单和无足轻重的一块儿。有两种说法：（1）你需要明白竞争的存在，因为可能你的目标出版商手上还有同名的书；（2）如果你的书名和其他书互补，而非竞争，出版商或许会乐意投资一本很可能会盈利的书。

这部分的目的是突出你的书，而不是贬低其他作者。这部分也可以叫"书名比较"，这样可以少些火药味。这部分如果处理得不好，可能会变成毁灭性的陷阱。通常，出版商希望你告诉他们哪些已经出版的书籍会和你的书抢读者、抢书架。你不可能列出同题材的所有书，一般需要列出大约6本最直接的竞争者。不要列出销量不好的书，免得让人觉得你的书也会销量不好。最好只列出最近最成功的书。虽然你可以使用亚马逊的实时销售排名进行研究，但你确实需要知道哪些书是最相关的，这也能体现你的专业性。

另一个技巧是把竞争变成一个交叉营销的机会。你需要给列出的每本书附上简介、目标读者、优缺点等，之后指出你的书能如何补足其他书的不足。你的任务就是告诉别人其他同类书籍就好像是一幅未尽的画作，而你的书能够补上其余部分。

激烈的竞争和乱糟糟的书架其实是有好处的。这说明好多人在买好多书，不然图书行业也不会有利润。人们买书是为了快速获取需要的信息，这也就给你很好的机会提供需要的信息给他们。

如果你的书真的很少有，甚至没有竞争呢？要谨慎处理。不能不经意间让人觉得你的书根本没市场。你可以把范围扩大一点，列出一些间接竞争的书，或证明你非常有远见，看见了市场空白。最早写计算机和软件自学书的作者明显没有直接竞争对手。

第七部分　可选项

可能的推荐人或合著人

如果你有机会接触一些重要的人，愿意为你背书，甚至是写一些东西（前言、引言等），把这些人列在图书策划案专门的章节里，会给你的文案增值。你要对每个人进行简短描述，并清楚地表明你会尝试让他们背书，但还没有得到任何保证（除非你真的已经确认得到了背书）。

预估时间

在计划书中列预估时间其实不是很必要，因为出版商一开始就会问这个问题。不过，写了也没什么坏处，签合同之前，这个期限也没什么约束力。根据我的经验，大多数非虚构类作品需要6到9个月完成，假定作者仍在从事其他日常工作。传记、历史之类需要大量研究的书需要数年的时间才能写成，相关的出版商都很清楚。

预估字数

预估字数是很重要的信息，但是不需要在文案中辟出一部分专门说明，除非你设想的字数与通常的情况（5到8万词）出入很大。如果你感觉你的书会非常厚或非常薄，你需要在文案中做出说明，以免日后有误会。出版合同中会有大约的字数，你的书的篇幅需要符合要求。

特殊格式、包装、风格、权限、插画或照片

如果没有特别说明，版权代理和编辑默认你的作品会是传统的书籍，只含有文字，看上去和大多数书籍一样。如果你的书有"特殊需求"，你必须详细描述你的"需求"。比如礼品书籍，或是特别形状，尺寸或纸张要求，或者有插画和照片，尤其是需要使用许可的插画和照片。儿童书籍是一个很好的例子，可能有很多特别的装帧需求，需要在签合同之前定好。非常规或插

图精美的图书很可能成本更高,因此出版商需要在出价之前评估成本。另一个例子是有些书需要获得许可去重印别人的作品。大多数情况下,这类许可的成本为零,或象征性地收一点,但畅销作品的许可可能很贵。

第八部分　章节大纲(通常跟在目录后)

这部分是文案的核心,常常花费最多的注意力和空间。鉴于版权代理和编辑不要求你事先写完整部书稿,大纲就变得尤为重要。版权代理和编辑会根据你的大纲来评估你是否有能力组织好整本书。任何打击他们对你的信心的事都会成为拒绝你的理由。如果他们对你的写作能力存在很大疑问,他们显然不想在你身上费心签合同和支付预付款的事情,因此,不要把这部分搞砸了。

章节大纲最好从一个简单的目录开始,按照数字顺序列出,每一章都有一个标题。这应该只有一到两页,取决于你计划分多少章。多数非虚构类书籍有7~10章,不过,不是很严格,你可以决定章数,合理即可。

大纲其实是将每章的信息清晰地描述出来。你需要让版权代理和编辑轻松理解每章的精髓,并且对你的编辑风格和技巧留下好印象。如果读完你的大纲,他们还是不了解你的书,或者对你的写作能力表示怀疑,那你就失败了。确实,这个行业里的人大都犯错多过英明决策,但如果多位专业人士提出了疑问,那你应该好好斟酌一下。大纲需要完整明确。即便你的平台和资历都很普通,你的书终究得是一件人们不后悔购买和阅读的产品。

书籍的类型决定了你的大纲的详细程度,例如,回忆录、真实罪案、传记等除了组织能力,还需要很强的编辑技巧。市面上已经有够多讲葛底斯堡的书了,除非你能独到、引人入胜地讲故事，不然，你就不用写这个话题了。在前句中，其实隐藏了这类书籍制胜的法宝：会讲故事。很明显，信息质量和准确性同样重要，但如果你不会讲故事，不能让人们愿意听，那基本上就无法满足大众市场的需求。你的大纲需要捕捉到，并显示出这些品质。如果内文有10万词，这类书籍的大纲长度大约是5000到10000词。

常规参考书、教程类书籍更依赖信息的实用性和创新性，而非编辑质量。实际上，表达啰唆有时会影响书的信息和内容的传达。因此，大纲不用太长，只要能够呈现出每章的内容即可。简洁不能成为引起别人对你写作风格、能力存疑的借口。

另一个影响大纲的重要因素是你有几个样章，或者你是否已经完成了书稿。如果你已经写了这本书，那么你的大纲将主要需要展示这本书的主题，以及是如何组织的；阅读手稿可以得到更重要问题的答案，样章的质量和数量也可能有这样的效果，这样就不用写比较详细的大纲了。

第九部分　样章

提供样章是很有益处的，对未发表过作品的作者尤为有益，能够证明你确实能写书。只有大纲，没有样章，就意味着要求人们冒险信任你的写作水平，也会让压力落在大纲上。如果你一心要出版你的作品，甚至做好了自费出版的准备，事先写一、两章样章会让别人看到你的努力和决心，不会白辛苦。

有些作者会写着写着样章，便突然对自己的作品有了全新的认识，让他们有机会回顾、改写文案的其他部分，然后再交给版权代理和编辑看。

第五章

随手建立数字化足迹和平台

大家都不喜欢文字平台。十年前，我们才开始听说文字平台被过度使用，很快，它就成了危及作家生计的家伙。当时，数字化营销还在萌芽阶段，焦点还是在传统宣传手段上。作者需要证明他们有读者群，而读者数量通常来自作者演讲或参与广播电视节目时的听众或观众人数。这些场合仍然很重要，但互联网的真正到来为我们提供了一个公平的竞争环境。

我们和一位企业家一起创建了一个网络作家社交和版权代理的网站，这位企业家发现有许多作家在寻求出版机会。我当时对社交网络一无所知。我有一个"脸书"页面，发了一些推特，但我仍然把它当成一只游戏小鸟。这个网站把我拖入了社交媒体中，我发现对于新手来说，互联网就像狂野的大西部。我被各种"心灵鸡汤"和"快速致富"的内容狂轰滥炸。我真的很想理解网络世界，但却感到困惑和沮丧。

多亏了罗格斯大学的微型工商管理学硕士课程，我在此十分推荐这门课。他们集中培训数字化营销战略、社交媒体战略、创业等。我陆续参加了上述三门课，醍醐灌顶。愿意的话，你也可以去听这些课，而我会在这里分享给大家一些相关信息，这样你也可以不去听课。

我学到的第一件事，也是最重要的一件事，你们也必须记住的是：整个营销模式已经改变了。推入式的广告和市场营销，只是用大量的信息轰炸人们是行不通的。下面是我的一位教授转述的故事：

在大众媒体出现之前，人们相互询问该买什么或雇谁为自己工作。邻居会说:"是啊,老扎克的手艺靠谱。"

之后,报纸普及到千家万户,人们创造需求,再针对需求做广告。你可以告诉别人他身上有股难闻的味道,然后推荐一款能去除异味的香皂给对方。哪怕老扎克都可以投放广告,说自己是个可靠的手艺人。看广告越多,问邻居越少。

然后是广播。人们想到一个聪明的点子,如果你要卖肥皂,你可以赞助一档广播节目。人们喜欢广播节目里的人,相信他们,于是,你可以让广播里的人说他们也用你的这款肥皂。肥皂的销售会飙升,而人们也不会再满身异味。

然后是电视。每个人每星期都会等在一方屏幕前,等着看路西和瑞奇等。路西会点一支香烟,交给瑞奇,然后两人一起讨论烟的味道多好。这就是产品置入和直接广告的开端。人们将自己的生活和赞助商联结起来,便培养出了品牌忠诚度,会购买更多产品。电视广告商很高兴他们知道每晚人们都在哪儿。尼尔森统计的收视率、收视习惯变得尤为重要。节目的质量很重要,但前提是它们能保持足够的收视率,以满足广告需求。

然后电视广告遇到了瓶颈。有线电视的普及让广告业者难以判断目标客户在何处。人们有各式各样的选择,广告商无法轻易诱导消费者。

这时出现了更大的障碍:互联网。当社交媒体兴起,一件怪事发生了。人们开始广泛交友,通过自己的兴趣找到彼此。广告商试着把产品推到人们眼前,但无法让网民讨论这些产品。

于是,大家又回到了邻里之间相互询问,老扎克是否是好手艺人的年代了,因此,如果要有效建立起一个平台,你需要改变策略。

要注意:人们厌倦了大肆宣传!现在的人比以往更多疑,相信朋友远胜过相信广告,因此,在网上营销书籍必须遵循网络新思维。

网上营销完全就是建立关系。你需要先和目标读者建立互信，然后才能期待他们买你的书。当然，已经有追随者的作家们可以跳过这一步，甚至不需要网上痕迹。如果你已经有名气了，你可以明白这背后的机制，不明白也没问题。传统宣传仍然管用，只不过需要结合网上宣传技巧一起使用。

那从哪里开始呢？说来你可能不信，之前我连电脑开机都不会，都让我儿子帮我。我很早就开始使用文字处理机，还记得当时一旦按错一个键就会格式化电脑，一切内容都不见了。眼睁睁看着自己的作品消失，世间最痛苦的事莫过于此。

如今这不太容易发生了，不过还是要小心病毒或液体泼溅到键盘上，但总体而言，电脑挺好用的。因此，第一步是：

适应新技术

我能做到，你也一定能。我比较幸运的一点是，会用电脑打字。

没有人强迫你使用技术工具。实在很不想学，用着黄色便签本很顺手，那也行。不管怎样，不要让技术焦虑阻碍你走向你的读者们。人人都能用互联网。你喜欢研究，却不会用谷歌，那你就落伍了。有必要的话，就去报个学习班。多数社区大学都有计算机技术入门班。

如果你很适应技术，有"脸书"和个人网站，也请读一下这部分。

人们常常忽视他们看不懂的内容。"脸书"并不蠢。确实，年轻一代在使用照片墙甚至色拉布，不过总体来说，"脸书"还是很活跃的。天晓得，或许等我们写第四版时，又会有更好的工具。但在目前，你需要确定在这么多的社交平台中，你的目标读者在哪里？

先要完成重要的一步。你要清楚自己为什么创作，核心信息和任务是什么，以及你的目标读者是谁。如果你能不假思索地回答以上问题，那你确实准备好制定综合数字营销计划了。

下一步是列出和你的核心信息相关的话题，于是，你就能制定计划，让自己成为相关信息的专家。于是，你就明白要发布什么信息，要分享什么给你的目标读者看了。你清晰的思路会体现在你做的每一件事中，会帮你建立起和目标读者的关系。你必须清楚自己的权威性，然后其他人、目标读者才会知道你能带来什么信息，才会信任你。

一旦你拥有了自己的核心信息和清楚自己是谁，就可以考虑建立个人品牌了。所有作者都需要个人品牌。你可以把个人品牌视作一个角色。你在私下是一个个体，而作为作者，你分享属于大家的一个角色。这个角色就会成为你的品牌，会有你作为一个人可能没有的厚脸皮，会有勇气把你自己展示给全世界。你这位作者则可以窝在你的房间里，与键盘和猫狗相伴。而你的品牌、作家名号和角色会让公众看到。

建立平台和网上形象时，要记住：自吹自擂是大忌。人们会困惑、会拖延，他们不知道要说什么。"为什么没有人想知道我早餐吃了什么？"确实没有人，至少现在没有。

你需要推广你的角色和品牌，这样能建立关系，才能让人们想买你的书。你私下是一个像大家一样穿内衣内裤的普通人；而作为作者，你是编织故事的大师。无论你写的是非虚构类、虚构类、情色类或儿童类书籍，都是如此。读者不需要你在场，他们想要自己体验你的写作，感受你。即便你的书是本回忆录，他们也想要体验想象中的你。想到这一点，你确实能松一口气。推广另一个人远比推广自己容易。这些规则对名人也适用。例如，即使在这个所谓的社会自由主义时代，一个演员的真实性取向被屏蔽的情况也并不少见，他们仍然可以在公众的心中保持传统、无瑕的男主角或性感尤物的形象。

虽然我们中的一些人可能做得很好，但通常情况下，走进一个满是陌生人的房间，宣布"买我的书"并不是很有效。人们斜眼看看你，然后继续各做各的。你要是觉得生气，完全在情理中。这就相当于是推送广告。现在，如果你去参加一个聚会，接触了每一个人，并找到了一些共同点，那么当有人问你是做什么的时候，你就有机会提到你是一个作家。然后你可以适当谦虚地提到你的书，也许大家还会让你讲讲你的书。这是一种可能的场景。

理念就是先认识别人，然后再卖东西给别人，让别人认识你。别人认识的这个"你"其实是精心设计过的。你决定别人能知道什么，这样有利于达成目标。你也可以交到朋友。挺好的。不过，你肯定是希望你的读者数量远远多于朋友数量的。

如何开始塑造一个角色，并留下网上痕迹？

网站

建立你的领地。每个作者都应该有一个网站，而且你不需要花好几千美元买一个。钱应该花在刀刃上，比如，为你的作品雇编辑。网站过去很贵，因为都是定制的。现在有像WordPress这样的内容管理系统，你可以想发博客时就发博客，而不需要网络专家帮你。对新手而言，博客就是网络日记，是为你的网站引流的最简单的方法，但也不能操之过急。建网站有好多方法。目前我最喜欢WordPress，或许之后会换成其他的。WordPress有一个学习曲线，就像用文字处理机一样，你可能会需要设计师帮你上手，要确保你能登上网站、会发布信息。你随时都可能有需要登录自己的网站。WordPress是服务器托管平台，在搜索引擎中运作良好。也就是说，谷歌，全球最大的搜索引擎，对WordPress也很友好。视频网站上有许多视频教你如何建立自己的网站。人们也说喜欢拖拽式的网站，不过我没有用过。技术一天天更简单易用。

你需要为网站注册一个域名，要和你有关。你可以就使用你的名字。人们希望域名与众不同，但最重要的是，要让想找你的人能够通过域名找到你。

网站里要放什么？

你的网站有许多功能，可以是一个网上媒体资料包，或以你的博客为主；可以有许多页面，并且要精心准备网站内容，与你的目标相关联。

网站要看上去吸引人，还要便于分享。这意味着你需要添加，或者让网站设计人员添加插件，即允许访问站点的人在社交媒体上分享内容的代码。

最初的网站都是静态的，显示了一些信息，而且不会变化更新。你既希望网站部分保持静止，也希望网站看上去很吸引人。你希望网站有流量，能建立读者群。随着社交媒体平台的普及，人们对网站的实用性有不同见解。不过，我认为，有操作网站的基础还是好的。

要确保你的网站能链接到你的社交媒体，人们可以轻松关注你。

网站还能够记录到访的电子邮件地址。人们常常忘记这点的重要性。你与目标读者建立关系，并推广你的书时，你可以使用这些电子邮件地址发送通知和消息。我不认为电子邮件会很快被淘汰。只要你不发送太多消息，你的电子邮件地址是非常有价值的。这些都是愿意知道你近况的读者。多好呀！

你可以鼓励人们注册或订阅，比如提供一些免费的内容，但之前至少先要确保你有一个让人们注册的网站。

开博客

创建一个博客，利用博客的分类功能来突出人们可能在互联网上搜索的话题。虽然博客比本书讨论的范围更细致，不过博客只有在有读者的情况下才有价值。定期写高质量的博客，是帮助你在搜索引擎中提升排名和认可度最好的方法。这就是"有机搜索引擎优化搜索"。搜索引擎为好内容而存在。你是个作家，决定了你的核心信息，你就可以定期写相关的博客来吸引读者。

重点是"定期"。写博客最好的方法是有一个固定的时间表。保持你的博客短小精悍，围绕一个主题，类似于一篇简短的评论。如果主题与你和你的读者有关，也可以写下你自己对话题的看法。有时候可以写一些能激励你的东西。博客关联图片是很好的，因为当人们分享你的资料时，图片就会出现。网上的读者都是视觉动物，图片非常有用。

你的网站可以有一个分享插件，可以发送到为针对博客的网络媒体。要有耐心，博客需要时间累积读者，持之以恒会有回报。

社交媒体

记住，你是在塑造一个人设。记住你的核心信息，确定谁是你的读者，然后找出读者们聚集在哪里，一般在哪里找他们需要的信息。

成为一个管理人员。你可以订阅博客或设置在线提醒，这样就可以为关注者选择信息。社交媒体是一场马拉松，不是短跑。关于在哪里发布信息和发布什么信息有不同说法。我认为现在推特是可行的，而且帖子越多越好。记住时区，这样你就可以在深夜发帖，而且，推特也有算法。你可以关注2000人，但是一旦你达到2000人，你可以关注的人的数量取决于关注你的人的数量。

推特不仅仅是一个曝光你每日行踪的渠道，或谈论你的书的平台。你还要和人们建立联系，转发一些吸引眼球的东西，给想联系的人发推特。只要有礼貌，最坏的结果也不过是被人们拒绝。不要发太多同样的邮件，有时人们会走极端。如果有热门话题，标签是有用的，人们搜寻标签，然后就会找到你。标签是符号#后面加单词。小心点，如果你刚接触推特，你可能会被推特弄疯。

如果你在用推特，就应该建立有漂亮封面图片的账户，关注志同道合的人，定期发140个字符的相关推文。你可以通过许多厉害的应用程序实现自动化，一开始应该亲自完成，直到熟悉你的读者和你收到的回应。然后就会马上知道你的推特是否有效。

你不需要使用所有的社交媒体平台，选择那些对你来说最重要的。对于作者来说，也有许多平台很吸引人。我的意见是，专注于那些你能突出自己的信息和个性的地方。

如果你为粉丝提供有价值的信息，比如精心挑选的信息，也分享他们的信息，你就会成功。关注质量，而不是数量。互动频繁的粉丝即便不多，也比大量虚假粉丝好得多，拥有成千上万粉丝的人通常本来就已经是名人了。专注在建立高质量的粉丝列表，绝对不要买粉丝。

选择你会坚持做的事情，但不要把用社交网络看成是浪费时间。许多工作和商业联系都是通过领英①来巩固的。只要你不让社交网络干扰了生活，那社交网络就会有用，也值得推荐。于工作，社交网络应该是战略性的。于生活，社交网络应该是有趣的。哪怕在工作中，也可以加入一些乐趣和幽默。

你可以在社交网站上添加一些个人信息，但不要过于私人，也不要分享过多内容。这就是为什么"脸书"既有个人页面，也允许企业建立企业页面。不过，许多好友人数达到上限的个人页面肯定是商业和个人的结合。人们确实会想了解你，但不要消极，也不要牢骚满腹。除非是你的人设要求，否则不要大声咆哮。人们的休闲时间有太多选择，如果他们注意到你了，你应该要表达感恩，记住要感谢他们。

别忘了"油管"或其他视频网站

"油管"是第二大搜索引擎，仅次于其母公司谷歌。对你来说，"油管"是一个推广自己的好机会。不过，大多数人并不优化他们的"油管"视频。也就是说，他们不会有战略地利用视频建立自己的网上平台。

"油管"让你有机会成为自己频道的明星。许多人并没有意识到，更为重要的是频道订阅量，而不是某个视频的观看量。某个视频非常流行没什么不好，但是如果热门视频仍没能为你吸引到订阅者，你就失去了一个好机会。

不要随意上传视频。用一些营销策略建立你的"油管"频

---

① 领英：全球知名职业社交网站。

道，鼓励人们订阅。如果你在作视频，确保能定期发布，就像你在任何其他社交媒体平台上一样。

你还可以通过优化来增加播放次数。可以在标题中使用关键字，或在描述中使用其他"标签"，以便人们搜索到。然后，也可以在个人网站的视频中嵌入你的视频或链接。视频能带动你的网站流量，网站又能带动你的频道流量，每件事都能联动。

许多人现在会制作图书预告片，这是一个好主意，但需要有个背景。你需要使用适当的描述使你的预告片容易被搜索到。想想你的读者和他们可能在搜索什么，然后相应地命名和加标签。看你的"油管"频道设置，就会看到视频在哪里加标签。"油管"的正确使用方法变化很快，你最好运用营销思维，并通过关注"油管"的新闻和博客来跟上这些变化。

- 试着增加你的订阅者。
- 持之以恒。

另一个小技巧：人们更喜欢有好音质的视频，即使它的画质不是最佳的。成为成功的"油管"用户不需要很多钱和昂贵的相机，但一定要了解你需要了解的市场。

总结

这一章是对你手边的工具的概述。都是你用来建立关系的工具，尤为关键。使用工具是为了建立关系，因为比起炒作，人们更倾向于相信彼此之间的信任关系。

如果你持续提供好的内容，人们会喜欢你，就是这么简单、合理。当然，人们喜欢的是你的"人设"，让你远离聚光灯，专注于你的写作和分享的信息。你可以随意推广自己的形象，但推广的新定义是通过建立信任来建立关系。

这就是平台构建的本质。如果你一直关注"对读者来说有什么",你最终将通过写作满足他们的需求,无论是娱乐、运输还是提供有形的工具,你提供的是内容。你会有回报,这个策略会帮助你建立一个读者群。

第六章

最佳虚构类作品梗概

有种文案叫虚构类图书策划案。它和非虚构类书的文案极为类似，因为二者都是要解答出版商可能会有的疑问。无论是版权代理还是编辑都知道，即使他们喜欢这部书，到了某个阶段也还会有销售压力，毕竟，作为一种产品，这部书要么获利，要么亏本。这正是传统出版业的现实。所以在图书策划案中你将预测出版商会有什么问题。需要考虑的条目有：

自荐，与非虚构类不一样，虚构类的自荐会包含少量情节和人物描述的段落。

你的书和其他书的对比，如果你的书在风格和体裁上和某些书类似，可以让版权代理或编辑清楚你的书要如何定位。如果你的书不适合某个类别，也不要担心。

作者介绍，列出你以前的出版经验，相关的资格和奖项。在虚构类作品写作中，作者介绍只与让别人读你的故事梗概和书有关。虚构类书必须靠内容制胜。哪怕你人脉很广，但是如果书写得不好，除非有人欠你一个大人情，不然，书还是不会得到青睐。

各章大纲：你需要一些写作样本，通常是前三章或前五十页。有些作者选择用一个大纲，注释每一章的描述。你也可以写人物或情节总结。你得让潜在的版权代理或编辑能看出这本书的最终版本。虚构类作品依赖好的讲故事技巧。

最重要的是要准备好梗概，而这往往是作家最不喜欢写的东西。

虚构类作品梗概

许多人甚至在写书之前就先写故事梗概，就像先画好一张路线图。与非虚构类书籍不同，在接触版权代理和出版商之前，你需要先完成小说的创作。最糟糕的状况便是，出版商对你有兴趣，你却没有书稿。没有哪位版权代理或编辑愿意在一本不确定的书上冒险。你可以在写书之前先写梗概，但是方便起见，我们先假定这本书已经写好了，你正写大纲来推销你的小说。

你想吸引别人读你的书，不像电影预告片，无须隐藏最精彩的部分。版权代理人或编辑想知道你的主角发生了什么，故事情节如何，以及谁得到了那个女孩。

梗概应该不超过三页，不要充斥过多细节。花点时间好好写梗概，因为好的梗概可以通过重重关卡，一路把你的书送到目标读者的手中。版权代理和编辑以筛选书籍为生，他们期待碰到喜欢的书，所以，不要把所有的精力都花在写书上，而忽略了梗概的撰写。写梗概时，最重要的就是知道哪些细节应保留，哪些细节应删除。梗概的本质是一种销售工具。你只有很短的时间去吸引你的读者，让他们想去了解你的角色和你的故事。

开头

你的第一段应该清楚地说明你的角色是谁、在做什么，以及发生了什么故事。开头适合介绍书的类型和字数。记住，5万词的书和15万词的书光在创作时间上就有很大的不同。版权代理和出版商都需要知道他们在处理什么样的书。另外，确保你的实际梗概的第一句话足够吸引人，能吸引别人一直读下去。

中间段落

这一步中,你要做一件写优秀小说时从不做的事情:叙述,而不是渲染。没有华丽的描述和书的细枝末节,要直接抓出书的主要情节。你给出一个全景,这样版权代理或编辑就会对故事的重大情节和转折有清晰的认识:只说出关键人物的名字,把握住你的焦点。好好写你的梗概,要把梗概写得生动、形象,还要确保能把书的重点讲清楚。不要把有限的篇幅浪费在宣传这本书以及预测书将多畅销上,版权代理和编辑并不关注这些内容,他们要找好书,想要签约好书。让你的写作和情节吸引他们、说服他们。故事梗概应该以第三人称现在时的叙述方式来写,这样读者就能把书当作真实存在的事物来体验。你在创造自己的世界,让你的读者沉浸其中,想象这本书会有多精彩。

总结

在最后一段或结尾部分揭开结局。这样做的如意算盘可能是:如果在写一篇大部头的文章时留下一个悬念,读者便会心心念念。不过,现实是,版权代理或编辑可能会点击删除键或丢进回收站。这样留悬念太过业余,被拒绝理所当然。这也有时间限制的问题:有很多人都在争抢版权代理或编辑决定是否要签这本书的几分钟时间。不要有任何保留,你要让版权代理或编辑在读过你的全部或部分稿件之后就想出版你的书。

虚构类作品作者也要遵守市场规则。你不需要有和非虚构类作品的作家一样的市场营销能力,但你可以在网上努力建立一个粉丝群,在博客上写你的角色和你的灵感来源。如果你在进行一些历史题材的创作,就可以利用写博客的机会来描述你的书的背景或历史。把博客融入大环境中，把你的读者变成你作品的粉丝，这一步骤甚至应该在你触摸键盘之前着手。如果你对平台构建有创意，那你也可以参考平台构建一章中的建议。写作或许是孤独的，但出版需要证明其他人会读你的书。

　　流行小说作家有很好的团体组织。把这些团体聚会看作是了解他人成功经验的机会，而不是你焦虑和自我厌恶的来源——焦虑自己不是每天写作，或者还没找到版权代理。那就太傻，太得不偿失了。别忘了，你写作也是因为你享受写作，不要让出版环境阻碍你，要对自己的作品充满信心。

第二部分

策划实例

点评8份已签约的图书策划案

　　这部分的所有图书策划案都已由杰夫·赫尔曼版权代理公司出售给传统出版商。不过，这并不意味着它们是"完美"的文案。对于怎样写好图书策划案，我们有不同的观点，但大部分观点是一致的。

　　参考这些文案时，你要关注优点和我们认为可以改进的地方。当你深入了解如何完成某件事时，你总会有些新领悟。我们认为所有这些文案中的图书都适合出版，并且现在确实都已经是优秀图书了。然而，我们认为这些文案还有改进的余地。通过阅读这些文案，有机会让你的文案比这些更好。传统出版业正在萎缩，你要让你的图书策划案出类拔萃、尽善尽美。

　　慢慢写文案，别着急。图书策划案看着有些八股，但确实要花费大量的时间和精力让它成为你的作品的缩影。图书策划案必须集中在焦点上，这样版权代理或出版商才能清楚你想写怎样的书。

图书策划案 1

建议书名: ❶

《情绪物理学：7种表达意图的有机方式》 ⓐ

黛博拉·桑德拉

杰夫点评
❶ 我和作者讨论了好几次书名，最后我们选择了现在的书名。

黛博拉点评
ⓐ 书名对我来说没那么重要，但我确实认为情绪物理学的概念很有吸引力，会让感兴趣的编辑或版权代理读下去。

黛博拉点评

ⓑ "令人信服的科学发现"是被动语态。要让你写的东西很有说服力时,你要使用主动语态,比如"它是多么迅速有效、令人惊叹!"。更棒的是,用"惊叹"来描述项目。这个"令人惊叹的项目展示了我们能多么快速有效地利用情感加快进程……"

ⓒ 虽然提到有多少人在使用这个项目是件好事,但我发现这段话令人困惑,不知道是其他人在使用作者的这个项目,还是作者在使用其他人的工作成果来证明她的项目有效。为了效果更好,我建议将这两种想法分开。首先,根据健全神经科学原理,强有力地阐述情感物理学是如何在18年来成功服务客户的。然后,加上来自接受过训练的从业者的数据支持信息。他们接受了何种训练?神经科学吗?到底有没有什么东西叫作"情感物理学",还是说,这只是作者的术语?提交一份图书策划案时,你就是专家了。你的编辑或版权代理不见得知道这一点。所以你必须

情绪是无形的,被认为是理所当然的,很多时候被忽视,但矛盾的是,情绪却是地球上最强大的力量之一。情绪挑起战争、导致死亡、启迪发明、控制股市,更重要的是,我们每个人都有情绪,常常有!

《情绪物理学》提供了7种不同寻常的方式,让每个人都能欣赏和运用自己的感受,把它们当作礼物而不是诅咒。此外,这个过程和谷歌一样快,像想象力一样有趣,和1-2-3一样简单。

感觉的智慧能多快、多有效地让我们受益,让我们惊叹不已。这就像拥有一台自我清洁型烤箱。然而,我们要知道如何打开这台烤箱。本书充满了令人信服的科学发现和温情的情感以及身体康复的真实故事,鼓励读者尝试一下"自我指引"。 **ⓑ**

《情绪的物理学》来自美国各地和澳大利亚、加拿大、捷克共和国、丹麦、埃及和新加坡。成千上万的人从中受益。这本书远远超越了其他书,教导人们如何感知情感的形式,并有意识地重塑情感,以变得更健康,更有爱。 **ⓒ**

联系信息: **ⓓ**

黛博拉·桑德拉博士,注册护士

303-229-8686

科罗拉多州丹佛市

drdeb@RIMinstitute.com

与杰克·康菲尔德合著
著有《觉醒力量》
《释放内心的魔术师》

　　黛博拉·桑德拉博士40多年来帮助别人发现自己，是个赢得奖项的心理治疗师，大学教授和开拓性边缘疗法的创始人。在桑德拉博士的父亲即将离世时，她开始尝试一种创造性的方式来应对生理和情感上的挑战。父亲奇迹般的康复让她决定结束心理治疗工作，去发现如何利用这种力量。

　　结果，她开创了RIM法（记忆画面再现法），在过去的18年中让数千人获益。广播、电视和纸质媒体都对此进行了专题报道。桑德拉博士经常与杰克康菲尔德同台，他们还合作了一档有声节目《觉醒力量》，这档节目被认为是一个受欢迎的能改变生活的工具，让生活更成功。桑德拉博士的演讲得到了好评，因为她巧妙地在人们面前展示了这种与生俱来的治愈能力。

解释这件事，这样他们不需要成为神经科学家，就能理解你说的。如果你已经发展出了自己的概念或技术，请一定清楚地说明，即使该领域中还有其他人也使用类似技术。

ⓓ 在作者简介中，有一点会让人困惑：她在这本书中使用的是否是她始创的RIM方法。如果是，最好在概览中提到这一点。任何对你的可信度重要的内容都可以在文案不同部分提及。

杰夫点评

❷ 我不反对作者做一个目录来展示文案的组织结构,但通常我不要求做目录。只要是方便编辑阅读的手段,对你都有好处。

黛博拉点评

❺ 在这里使用口语等并不是最好的选择。与文案其他部分相比,使用口语太不正式了,使用书面用法。

❻ 最好为图书策划案创建一个目录。图书策划案一般会被拆开成不同部分,交给出版社编辑部的相应成员:销售人员会查看市场营销部分,而编辑则会关注书的内容。你需要让他们轻松找到他们想要的内容。

❼ 这本书的结构与常见的格式稍有不同,但是没什么问题,因为在作者在资源平台部分有优势。这位作者有一个强有力的营销计划,所以她把这部分放在了前面。

我对大纲的逻辑和结构非常讲究,所以我更喜欢把书的目录放在章节概要之前。如果你不这样做,也不见得会降等。然而,这样的顺序逻辑上更合理。

序言　杰克·康菲尔德

"我很高兴能和大家分享黛博拉·桑德拉的作品!"她和我一起写书,和我的学生一起工作多年,取得了巨大的成果。她独创的突破性技术神奇地化解了阻碍我们的障碍,加速了我们生活各个方面的成功。黛博拉是最最棒的!我很高兴她要把这种非凡的资源分享给大家。现在就拿起这本书,如果你想让人生更成功!" ❺

杰克·康菲尔德《纽约时报》畅销作家

计划书目录　❷

概览和推荐(杰克·康菲尔德)
Ⅰ.图书营销平台　❻
　　A.作者资源平台
　　B.营销计划
　　C.演讲计划
Ⅱ.目标读者　❼
　　A.主要市场
　　B.次要市场
　　C.第三市场
　　D.看到和感受
　　E.竞争
　　F.这本书有何不寻常?
　　G.海外销售计划
Ⅲ.作者介绍:黛博拉·桑德拉
　　A.传记

　　　　B. 读者评价
Ⅳ. 图书卖点
　　　　A. 读书会票券
　　　　B. 潜在主题和相关产品促销/礼品
　　　　C. 月度电话会议
　　　　D. 面向其他目标读者的未来出版计划
Ⅴ. 书稿概览
　　　　A. 介绍
Ⅵ. 章节梗概
　　　　A. 第一章　流动和离去
　　　　B. 第二章　看见和释放
　　　　C. 第三章　分散和拆开
　　　　D. 第四章　击退和吸引
　　　　E. 第五章　挤压和逃离
　　　　F. 第六章　重做和更新
　　　　G. 第七章　我和你
　　　　H. 第八章　行动！情感智慧的唤醒过程
Ⅶ. 目录
Ⅷ. 样章："第二章 看见和释放"

图书营销平台　❸

作者资源平台

- 定期为《心理科学》杂志写稿。　ⓗ
- 与杰克·康菲尔德合作了9年，并且共同创作了一个作品。
- 每年4次在杰克·康菲尔德的活动上发言并提供

杰夫点评
❸ 这部分格式规范，包含许多有价值的细节。

黛博拉点评
ⓗ 作者平台部分的内容很好，但是结构会让读者略过重要信息。文案中每一部分都要认真对待：应该把材料分类，把所有的演讲安排放在一个标题下，然后加上要点编号；把所有发表的文章放在一个标题下、编号。"名人推荐"部分标题一定要醒目；内容部分放上你希望能帮忙推广你的书的名人为你写的推荐。这位作者令人印象深刻，需要充分利用她的资历。

协助。
- 是许多畅销书作家的朋友，他们可以把本书的新书发布会在日程中，并推荐本书，如马尔西·什莫夫、塔玛·吉福斯、让·休斯敦、玛丽莲·苏特尔、皮特·维纳斯基、辛西娅·詹姆斯、谢里·芬克等。
- 在护理会议上发言。
- 在精神病护理会议上发言。
- 在国际精细能量医学研究（国际精细能量医学研究）会议上发言，该会议聚集了著名的科学家和治疗师；本书的新书发布信息可以发送到8500名会员的邮箱。
- 在经验营演讲（250位女性参与的年度奢华周末活动）演讲。
- 有上本地电视台（美国广播公司、美国全国广播公司有线电视）等的经验以及大量的电台采访。
- 为《整体护理》杂志撰写评论文章（会向其投稿）
- 在心灵科学活动上发言。
- 已向伊莎兰和克里帕鲁提交读书会计划（包括现场签售）。
- 拥有一个60人的记忆画面再现群体，可以在各自的区域和向客户推销本书。
- 在丹佛的麦尔海教堂举办过超过1.3万名会员的工作坊。
- 拥有3000名订阅者的电子邮件列表。

❶将"已完成"和"将完成"分开也处理得很好。"已完成的"是平台，"将完成的"是营销推广计划。从这份文案中，我们还看不出之后她是否会提出一个单独的营销计划。

"我很高兴能和大家分享黛博拉·桑德拉的作品！她和我一起写书，和我的学生一起工作多年,取得了巨大的成果。她独创的突破性技术神奇地化解了阻碍我们的障碍,加速了我们生活各个方面的成功。黛博拉是最最棒的!我很高兴她要把这种非凡的资源分享给大家。现在就拿起这本书,如果你想让人生更成功!"

——杰克·康菲尔德,《纽约时报》畅销作家

"黛博拉·桑德拉是一位出色的向导,能帮助你发现内心的平和,创造力,同情心和快乐的精髓。"

——乔恩·博瑞申科,畅销书作家

"桑德拉博士提供了一种实用的、接地气的方法,来实现每个人内心的巨大潜力。"

——拉里·多西,畅销书作家

桑德拉博士专访:RIM方法
有一些工作坊,访问的"油管"视频: ❹ j
专注向前- Deb Sandella博士-冥想为…
▶26:54▶26:54
www.youtube.com/watch? v=R7VlsnCRink
罗瑞·弗拉克上传于2013年4月21日
冥想及其对企业家的功效探索普遍知识和指导……
更多罗瑞·弗拉克的视频,见75年google+圈子
广播剧第25集:《视觉化的力量》……——"油管"
▶53:03▶53:03
www.youtube.com/watch? v=5ERP4AglhzY
理查德·乐维发布于2013年11月27日

杰夫点评
❹ 做几个"油管"视频来炫出你的知识储备和演讲技巧,是很有用的。有一点:要确保你的演讲背景得体,不能帮倒忙。

黛博拉点评
❶ 如果要运用"油管"视频,你要明确这些视频的作用是什么。视频的作用如果是让编辑或版权代理看到动态的你,你需要在标题或副标题中做出说明;如果视频是给你的读者看,你需要查看有多少订阅以及有多少次播放。如果你的订阅人数和播放次数没有很亮眼,那这些数据就作为参考。为了你自己的营销利益,检视一下你是如何设置自己的"油管"频道的。你有没有优化你的视频?

杰夫点评

❺ 可能的话,将你的营销计划从你的资源平台中分出来,这样比较好。平台应该展示出你的潜力,而计划则反映你实际打算做什么。但,你要明白,出版商通常认为可以将你的营销计划附加到图书合同中,从而确保你实现您在文案中承诺的内容,所以不要做出力所不及的承诺。

黛博拉点评

🅺 脸书上有超过50万粉丝的人会支持你的书,令人印象深刻。然而,告诉别人这样的"大V"会如何支撑你,会让人印象更深刻。他会发帖谈论你吗?他会发信息让粉丝知道你的新书?"大V"会如何支持你,交代得越清楚越好。

❶ 想要卖一本书,你应该先创建一个精致的网站,才能提交你的图书策划案。在你动笔之前,你应该先为这本书建立读者群。不过,说你将要创建一个网站并不算营销计划的一部分。

"油管"主页……你需要使用Adobe Flash播放器播放本视频.......广播剧第25集:《视觉化的力量》……

RIM研究院— "油管"

www.youtube.com/user/DrDebRIMinstitute

黛博拉·桑德拉13上传于6小时前,播放次数:4次。

黛博拉·桑德拉博士,RIM机构创始人,分享经历和联系的力量.RIM机构……你访问此页面2次。最近访问:2013/12/16

介绍及RIM缘起——"油管"

▶1:49▶1:49

www.youtube.com/watch?v=S9SELz4vLfI

RIM机构发布于2013年3月28日

营销计划 ❺

- 会与杰克·康菲尔德的市场总监合作,因为他愿意通过自己拥有50多万名粉丝的社交媒体来支持这本书。
- 将出差到实体书店在预定日期的活动,以获得《纽约时报》畅销书的称号。这些活动将持续1–2个小时,以凯蒂·拜伦的方式进行:在观众面前引导一名读者RIM……眼见为实。 🅺
- 除了传统的广告如报纸、广播等,还会购买"脸书"广告,在图书活动领域向读者推广书籍。
- 将在城镇图书活动中安排媒体采访。
- 将创建一个专门网站。 ❶
- 将发起亚马逊畅销书活动。

- 将投资1万至1.5万美元请一名公关人员。 ⓜ
- 会购买400册书。 ⓝ
- 将撰写文章并投稿给《今日心理学》《赫芬顿邮报》等。
- 将支付3天的宣传峰会费用，向100位顶级记者/制作人推介图书，这些记者/制作人为主要媒体做报道和节目，比如：美国广播公司电视台的《观点》，美国有线电视新闻网电视台的《今日秀》，福克斯新闻电视台的《福克斯和朋友们》，《48小时》，美国广播公司电视台的《20/20》，《美国周末》《换日线》美国全国广播公司电视台，Inc等，《健康》杂志、企业家、家庭圈子、《奥普拉》杂志等众多顶级媒体。
- 将向国际精微能量医学研究的8500名成员发送新书发布会电子邮件。
- 将出差出席多个护理会议。
- 将增加我在社交媒体上的曝光率。
- 将前往美国各地的精神生活中心进行演讲（共有450多家）。
- 将与精神生活实践中心项目（全球有450个中心）接洽，了解如何使用这本书作为他们的年度课程的课本。
- 会注册史蒂夫·哈里森的广播和电视报道来做采访广告。
- 将向媒体联系人发送新闻稿。

- 将追求纪录片风格的电视节目理念，展示人们如何能比我们想象的更快地痊愈；纪录片将追

黛博拉点评

ⓜ 不是每个人都有钱去请公关。如果你有公关人员，对于传统出版商而言，这绝对是一大优势。

ⓝ 自己购买自己的图书对多数作家来说最容易办得到，可以优先考虑。出版商会很喜欢。

踪一系列不同行业和经济水平的人，他们正遭受着情感或身体上的痛苦。该节目会包括一些视频，展示这些人如何生活，RIM流程以及明显变化的场景。马尔西什莫夫也做过类似的事情，她主动要求分享她对这个项目的理解。 ○

黛博拉点评

○ 制作一部纪录片胜过空口说你的追求。如果你知道如何制作纪录片，这条信息就是很重要的，否则它就可有可无。

ⓟ 在纪录片里，作者提到有一个由RIM引导人员组成的团体。在我看来，告诉别人这些引导人员如何获得使用RIM的认证、有多少引导人员以及他们有什么资质会更有分量。为这本书和市场营销增加了可信度，应该在文案的某个部分进行更全面的描述。

- 将安排在国际教练联合会（ICF）丹佛分会演讲（RIM机构是ICF认证的继续教育机构）。
- 鼓励RIM引导人员在当地的ICF分会演讲；我将为引导人员准备图书宣传单，让他们分发给观众，并安排图书签售会，引导人员可以在那里谈论这本书。他们会邀请当地的客户/朋友。 ⓟ
- 将亲自与每一位RIM引导人员沟通，以获得他们的支持，如社交媒体、电子邮件列表和客户。
- 会让路易·夏普邀请一位口才出众、充满激情的演说家参加一些媒体活动，分享他的个人故事，讲述RIM经历如何永远改变了他的生活，他在5岁时被母亲遗弃供人收养。他最近创建了一个非营利组织，通过RIM会议来支持受虐儿童。他还致力于为芝加哥地区的学校辅导员和护士提供RIM培训。
- 会请佩顿·曼宁（未曾谋面的邻居）和艾伦·阿金（与他一起参加过一个研讨会）推荐本书。
- 会向畅销书《情商》的作者丹尼尔·戈尔曼寻求推荐。

2014年演讲计划: ❻ ❼

活动	日期	
杰克·康菲尔德研讨会	2014年2月10-14日	演讲嘉宾和引导人
佛罗里达、奥兰多精神生活中心年会	2014年2月18日	演讲人:《用想象治愈》
科罗拉多丹佛高级RIM技巧机构	2014年3月5-9日	导师和引导人
加州圣地亚哥4日改变生命	2014年3月13-16日	引导人
科罗拉多丹佛缘大师班	2014年3月28日4月3日	导师和引导人
科罗拉多朗蒙特日出农场RIM协会	2014年5月30日6月1日	引导人
科罗拉多丹佛缘大师班	2014年6月4日	导师和引导人
RIM(一)引导项目	2012年6月21日	导师和引导人
亚利桑大斯格茨代尔杰克·康菲尔德研讨会	2014年6月汽车出行日	演讲嘉宾和引导人
澳大利亚悉尼RIM基础引导人员项目	2015年7月	导师和引导人
亚利桑大凤凰城杰克·康菲尔德同伴教学法研讨会	2014年8月11-15日	演讲嘉宾和引导人
科罗拉多泉体验营	2014年9月19日-20日	演讲嘉宾
加州圣地亚哥RIM(二)引导人员项目	2014年10月1-4日	导师和引导人
加州圣地亚哥杰克·康菲尔德培训师培训研讨会	2014年10月6-12日	演讲嘉宾和引导人
加州圣地亚哥杰克·康菲尔德高级项目	2014年11月	演讲嘉宾和引导人

杰夫点评

❻ 并不是每个人都有值得称道的演讲计划,但是如果你确实有,即便只是在当地图书馆的微型演讲,你也可以充分利用,写在文案中。对你和你的出版商来说,后台销售是一个有价值的收入来源,有些活动会产生有价值的宣传。

黛博拉点评

❼ 我建议在演讲计划表之后写一段关于演讲类型和频率的内容,会显得更有意义。这位作者在许多地方教授她的方法,意味着有相当数量的人可能会购买她的书,同时也会成为这本书的支持者,会向其他人介绍这本书。

杰夫点评

❼ 我觉得"目标读者"部分的组织和呈现方式挺好,但事后看将各个市场单独归类可能会更有效,比如"压力过大的人"或"大部分时间感到疲惫或筋疲力尽的人"。

黛博拉点评

r 在这部分对市场的描述中,作者有机会将市场直接与本书中的实践和方法联系起来。第三段的轶事如果在第一段,用来描述市场,配上数据,效果会更好。记住,要让那些决定购买你的书的人始终有兴趣。在文案的第三段的信息中,我们看到了该方法如何运作的具体描述。

目标读者 ❼ r

主要市场

让我们面对现实吧——当今世界压力很大。感觉纯粹反而更复杂,而每个人又都比以往任何时候更想要做得到。喜欢并相信这本书会改变生活的目标市场是一些成年人,他们尽可能保持健康、快乐和成功,但仍然焦虑、自我怀疑、错失机会、有孤独感、会生病。他们不明白为什么他们如此努力,生活没能变得更好,仍然充满压力和疲劳。根据美国卫生与公众服务部2000年的一份报告显示,在10亿人次的就诊中,与压力有关和由压力引发的疾病占到了70-80%。他们估计在美国50%的疾病都是由压力造成的,而工作压力造成的损失高达2000亿美元。

在这一目标人群中,有很大一部分人未能建立长期关系,也有一些人因离婚或配偶死亡而独身。2005年,美国国务院报告说,大约40%的劳动力是未婚的。根据2006年的消费者支出调查,这些美国人每年对经济的贡献超过2万亿美元。

次要市场

治疗师,生活教练和专业协助人士也是潜在的目标市场。根据专业杂志《当代心理治疗网络工作者》的一篇评论,仅在美国就有大约1万名不同类型的教练。美国心理学协会劳动力研究中心

劳动力研究中心（APA）估计，2012年美国共有9.3万名执业心理学家。美国劳工统计局的统计数据显示，2012年美国共有180多万名咨询师、社会工作者和其他社区及社会服务专家。

传统的方法速度慢，结果参差不齐，客户经常有隐藏的障碍，无意识地表现为更进一步的防御和抵抗。这些因素阻碍了专业人士的帮助，使他们易受护理人员疲劳的影响。我之所以了解这一点，是因为我在25年的心理治疗师生涯中也经历过这些。《情绪物理学》提供一个新型有效的工具，改善治疗师的生活，因为这个工具绕过客户的智力防御进入问题的核心。因此，客户会积极主动努力，不会抱怨或反驳。

在RIM引导人员项目中协助的专业人士会惊讶于他们的客户在RIM过程中所表现出来的才智。一位心理学家最近说这是"纯粹的天赋"。

第三市场 Ⓢ

遭受创伤性事件压力和创伤后应激障碍（创伤后应激障碍）的人是非常特殊的读者，他们可以从《情绪物理学》中获益良多。斯德朗研究所估计，美国70%的成年人一生中至少经历过一次创伤性事件，也就是2.234亿的人。

据估计，遭受创伤压力的人数正在增加，因为我们知道，其副作用延伸到急救人员，幸存

黛博拉点评
Ⓢ 我建议创伤后应激障碍的轶事先在"第三市场"部分讲，然后再解释"第三市场"。你不希望读者略读你的文案，那样他们会错过一些信息。你应该让他们看到文案中的亮点，要吸引住他们。

者，甚至那些在电视上看到的人。波士顿马拉松爆炸案后，发表在《美国国家科学院院刊》杂志上的一项研究发现，"通过电视、社交媒体、视频、印刷品或广播，与爆炸相关的媒体曝光时间每增加一小时，急性压力症状就会不断加重。"美国退伍军人事务部创伤后应急障碍研究中心得出结论：观看恐怖袭击等创伤性事件的新闻与压力症状之间存在联系。他们还发现，经历过创伤的人会因反应加剧而遭受累积效应。加州大学欧文分校的研究对直接暴露于压力之下是产生压力相关问题的必要条件的关键假设提出了挑战。就像《情绪物理学》中的案例，2012年奥罗拉剧院枪击案发生后，朱莉作为第一反应者，她体重增加，青光眼的眼压也增加了，尽管她的饮食和身体习惯都没有改变。在RIM的过程中，她解开了在与一个六岁死者的祖父母交谈时的恐惧，这种恐惧郁结在她的体内，然后，她的体重和眼压随即降了下来。

换句话说，我们国家的许多人都迫切需要控制压力感的有效方法。这本书是及时的、创造性的、简单易学的指导，教人们超乎想象的快速、成功地管理生理、心理上的压力症状。这就像把《绿野仙踪》和穆罕默德·奥兹博士联系在一起。我们可以逃跑，但无法躲避我们的情绪，因为它们自然而然地出现在我们的身体、心绪和结局中，不管我们喜欢与否。是时候把隐藏的情感全部拿出来了，这样我们就能意识到，就像巫师一样，他们并不能掌控一切，只是看来如此而已。

图书外观 ❽ t

针对以上目标人群，本书的外观和感觉必须是知性、简约、有吸引力，既能吸引普通大众，同时使专业人士信服它的价值。

- 尺寸便携：32开精装版，增加专业人士信赖感
- 封面设计巧妙
- 在每一章的末尾附上"小练习"的练习部分
- 术语表
- 索引
- 免费网上资源

竞争 ❾

大多数同类书籍都是针对治疗师和他们的客户。第一要务是使用逻辑和意志力来改变我们的想法。相比之下，《情绪物理学》识别出我们每个人才智的基础；才智基础能够轻松地放松和重塑过去创伤的记忆。这表明，无论经历过多么可怕的事，我们都不会受到限制或伤害，因为我们有一种天然的恢复机制，可以迅速而巧妙地将我

杰夫点评
❽ 清楚地陈述你对书的设计的看法很好，尤其是如果你希望书的外观独特。
❾ 这恰好是"竞争"部分应该做的。

黛博拉点评
t 我认为不需要写对书外观的想法。书的结构应该清楚体现在样书中。

黛博拉点评

ⓤ 这是关于本书内容的一个非常出色、清晰的陈述，我希望看到这部分和书的其他部分结合起来，因为我发现自己忘记提供这个服务的关键。

ⓥ 这部分内容现在经常被叫作"对比书名"，这些书表明你的书是有市场的。这份文案的这部分效果非常好，因为作者列出了这些书和自己的书的不同。同时没有贬低其他书，表明作者非常了解自己的书。

们从震惊、恐惧和呆滞中拯救出来，创造性地解决问题。 ⓤ

一个竞争的例子是： ⓥ

- 《让过去过去：使用此种疗法的自助方法掌握你的生活》（作者：弗兰西恩·萨丕罗博士，罗代尔书籍，2012年，16.99美元）。尽管眼动脱敏与再生疗法应用了与RIM疗法相同的有机恢复机制，但前者以偏临床和治疗专家的方式进行的。相比之下，《情绪物理学》使读者成为自己的专家，教他们如何获取特定答案，他们是书中的英雄。

- 《打破做自己的习惯：如何丢弃自己的头脑，创造一个新头脑》（乔迪斯·潘萨，干草的房子，2012年，25.95美元）。这本书提供了一个有用的方法来设想一个新的自我，这需要依赖读者的意志力来想象想要的图像，直到感觉图像是真实的。相比之下，《情绪物理学》引导读者进入情感记忆的中心，再平衡自己的记忆，并重塑不一样的结局。改变不经意志力，是自发的。

- 《治愈情感自我，有效提升你的自尊，平复内心，战胜羞耻》（比弗利·英格尔，约翰威利出版社，2016年，16.95美元）。这本亚马逊自助类畅销书运用了一个知识框架来解释不好的父母如何造成羞耻感，并提供镜像活动来化解羞耻感，建立自尊，也有治疗作用。相反，《情绪物理学》展示了想象力是如何以智力无法理解的方式解决难题。

这本书有什么不寻常的地方？ ❿

本书是新鲜的，异想天开的和革命性的

现在的人们需要启迪。人们被电脑的速度宠坏了，希望可以即刻、清楚地透过幻象看到真相。这本书将强大的情感特质简化为7个简单的前提，并教授了一种快速奏效的技巧，深得网民喜爱！书中讲故事时的天马行空能轻松平衡读者可能的恐惧感，并搏读者一乐。

处理复杂情绪和痛苦的旧假设不再适用——我们不需谈论，不需感受过去的痛苦，不需有耐心。相反，新一代的内部技术是快速，有趣和有效的。

海外销售计划 ⓫

不管来自哪个国家，谁不想知道如何开启一个情感上自我清洁的烤箱？《情绪物理学》一书语言朴实、接地气、不带专业术语，很适合翻译成其他语言。

事实上，RIM已经在欧洲、澳大利亚和亚洲有服务人员。他们发现RIM在他们的文化中同样有用。国际边缘从业者希望这本书可以在他们国家出版当地语言的版本，这样可以提升RIM的可信度。他们也将成为优秀的海外销售大使，通过为家人、朋友和同事提供签名版来推广这本书。

杰夫点评

❿ 你应该永远相信太阳底下无新事，同时，你也应该意识到你是独一无二的。这样，你就可以把一个流行的主题转换成一些相对原创的内容。要留意可能很多人都已经写过相同主题的内容。这并不代表"门关上了"，但你有责任证明你的书是独特的，不同于已经在书架上的那些书。

⓫ 国际许可有时是一个重要的增值收入来源。如果你的主题可能具有跨文化的吸引力，一定要在文案中写清楚。

作者介绍　黛博拉·桑德拉博士，RN 传记

黛博拉·桑德拉博士40多年来帮助别人发现自己，是个赢得奖项的心理治疗师，大学教授和开拓性的RIM（重建记忆影像）方法的创始人。

在她的整个职业生涯中，她不断地用永不满足的好奇心和巨大的想象力，创造出更有效、快捷的方式来减轻痛苦。在超越限制的内在欲望驱使下，作者提醒我们：自由和自发性是滋养灵魂和精神的生活调味品。 ⓬ Ⓦ

作者获得科罗拉多大学的精神病护理硕士学位和丹佛大学人类交际学博士学位。在70年代初开始她的职业生涯，主持了两个前沿项目，在当地社区帮助人们保持心理健康，而不是制度化地供职于州立医院。她因开发了极具创新性的成功项目受到认可，这些项目有效地将病患的住院时间从2－3周缩短至3－4天，并让家庭密切参与治疗，成功地降低了复发率。

桑德拉博士获得多项专业奖项，如"杰出临床专家""卓越研究奖""最佳个人成长书籍"等。此外，数千人已经成功践行了她的课程内容。

杰夫点评

⓬ 尽管作者已经多次陈述了很多关于她自己和她的平台的信息，但反复强调，甚至拓宽这些信息并没有坏处，尤其是当作者的声望颇高时。

黛博拉点评

Ⓦ 在"作者介绍"部分，应该在一开始就扩展对RIM方法的描述，因为这是与本书最直接相关的内容，然后，可以写作者的教育背景和经历。这一部分的目的是展示作者的资质与书的主题之间的相关性。这一段的内容包括她父亲心脏骤停而后康复的故事，以及后续发展出RIM方法的过程，比简历更重要。

黛博拉不仅是科罗拉多大学的助理教授，社区精神健康中心经理，还是一名成功的私人医生，她还在1993年开始举办个人成长讲习班和研讨会。从那时起，受欢迎的RIM已经推广到澳大利亚、哥斯达黎加、毛伊岛和秘鲁等地。桑德拉博士是一位大师，温柔却深刻地改变人们的生活经历，她非常认同中国的一句古话："闻之不若见之，见之不若知之，知之不若行之。"

黛博拉在澳大利亚的一次私人休假中发现，她更能体会客户的感受，胜过自己的感受。这引发了她内心的转变，并启发她出版了她的第一本获奖书籍《释放内心的魔术师，寻找平静和幸福生活的方法》，配有冥想光盘。

当黛博拉看到经过了深刻、自发的内心景象后，父亲从心脏骤停中恢复过来，她再次受到启发，寻求超越现状。18年来，她开发了RIM方法，创建了RIM研究所，并培训了来自美国各地，澳大利亚、加拿大、捷克共和国、丹麦、埃及和新加坡的RIM引导员。数千人从中受益。

研究发现，黛博拉的工作显著减轻了压力相关疾病的症状并且提高了人的生活质量。热门报刊、广播和地方电视台都报道了她。关于RIM的文章也发表在了专业期刊上。

黛博拉自2004年以来一直与杰克·康菲尔德合作，担任嘉宾和导师。他们合著了能改变人生的家庭学习计划《觉醒力量》，是很受欢迎的工具书，帮助人们在各方面都更成功，经常在杰克的活动中销售一空。

黛博拉最大的天赋是能够将她娴熟的专业技能和敏锐的直觉结合起来。作为一位专业人士、母亲和妻子，她告诉人们如何在混乱的生活中平衡头脑、心灵和精神。

读者推荐 ⑬

我们的儿子在脊椎受伤后被诊断为"完全瘫痪"，他的复健医生断言他再也不能走路了。因为黛博拉医生的信念和记忆画面再现课程，我儿子现在能穿着护具走路了。

——彼得（俄克拉荷马州商人）

如果你一开始就告诉我，说我会为记忆画面再现写推荐，我绝对会认为你是个骗子。我是全世界最多疑的人。我的兴趣是橄榄球、厚牛排、半铁人三项赛和黑科技玩具，和心灵自愈八竿子打不着。实际上，我可不相信心理医生。我在杰克·康菲尔德的研讨会上结识黛博拉博士，我当时非常痛苦。在她引导我走过这个内在感知过程后，我完全平静了，我很满足，没有痛苦，充满活力。现在我认识了这些记忆画面再

杰夫点评

⑬ 编辑喜欢有文字推荐，因为读者喜欢读推荐，只要人们开始兜售东西给他人，第三方的意见就成了达成交易的决定性因素。不一定需要名人或特别热门的人的推荐，所以，大胆让你认识的人给你写推荐，不会有坏处。

现方法，并且已经成功地使用了好几次。我相信记忆画面再现可以让很多人从个人、身体和人际关系的困扰中解脱出来。

——埃德·艾伯茨（纽约商人）

当我安排儿子去看黛博拉医生时，他得了加德纳综合征，一种遗传性疾病，医生建议他切除部分肠子。在他的一系列记忆画面再现治疗结束时，500个肠道息肉消失了，也没必要手术了。

——林恩·尼科尔斯（丹佛）

在我参加完一轮记忆画面再现课程后，冰上摔跤后遗留的肩膀疼痛消失了！不仅如此，我对冰上行走的恐惧也消失了。我是一名韦尔滑雪教练，记忆画面再现救了我的命。

——凯莉（韦尔滑雪教练）

我儿子20年前自杀了。当我和黛博拉博士在一次记忆画面再现过程中揭开了埋在心底的巨大悲伤和内疚时，我觉得我的心要碎了。难以置信的是，在此过程中，我确实感受到了儿子的原谅和爱。我并没有谈论那件事，而是回到过去，重塑我的悔恨，那是一种难以描述的治愈方法。那次之后，我的生活改变了。现在，回想起我的儿子，不会再心怀愧疚。

——吉尔（北卡罗来纳大学教授）

高中时，一位老师性侵了我，之后，我发现自己被周围的人占便宜。在和黛博拉博士一起进行记忆画面再现课程时，我从这段记忆中解放出来，我开始主动为自己说话。我现在始终觉得自己很有力量，行动果断。记忆画面再现是我一生中经历过的最有效的工作，我花了多年时间尝试了所有记忆画面再现方法。

——芭芭拉（蒙大拿房地产经纪人）

我和各种各样的人一起尝试过记忆画面再现课程，而和黛博拉博士的那次是我经历过的最有效的一次，而不仅仅是在过去的八周里最有效的一次，还是在我的生命中最有效的。之后，我取得了前所未有的进步。我内心怀有最深切的感激。

——琳达（纽约市女商人）

在过去的37年里，我培训了来自世界各地各行各业的人们。我致力于让每一位领导者都能够卓越地指导，培训和提供咨询。记忆画面再现引导人员项目大大提高了我的能力，能为我的客户提供卓越和即时的结果，同时也让我自己重新开始。每一天，我都感激记忆画面再现释放内心智慧和治愈心灵的力量。

——安妮塔·L·桑切斯
（博士，桑切斯网球协会，有限责任公司组织顾问）

在我十几岁的女儿第一次参加记忆画面再现课程后，她的弟弟说姐姐更冷静、自信，而且"不那么暴躁"！弟弟接着说："这个唐娜怎么了？她真自信。那个没有自信的唐娜怎么了？"我没有要求儿子反馈姐姐的情况，儿子也不知道姐姐参加了记忆画面再现；我儿子只是在一个晚上，姐姐出门后，主动对我说了这些。

——科罗拉多奥罗拉（青少年客户的母亲）

我知道，你是不会意外的！我和参加记忆画面再现课程的四个兄弟姐妹的关系已经发生了变化。太棒了！谢谢你！

——约翰（纽约市神经外科医生）

我认为和你的第一次记忆画面再现课程是我人生的转折点。我开始对生活有了一个明智的看法。我已经运用几种治愈方式相当长的一段时间，我取得了喜人的结果，而记忆画面再现一直是效果最好的。

——亚当·萨勒莫汉德（埃及经理）

我是一个土生土长的古巴人，我以前甚至不知道冥想的意义，冥想让我觉得很不舒服。然而，我很好奇地购买了冥想系列光盘中桑德拉博士和杰克·康菲尔德的《觉醒的力量》。现在，一年后，我可以告诉你，我再也不怀疑冥想了，并且，桑德拉博士是一个了不起的人，《觉醒的力量》是一种深刻的体验。我找到了内心的平静，我找到了灵感，给了我很多对于不同项目的想法，包括让我写了一本书，（我写了一本书！）这些想法是在冥想之后产生的！我要感谢桑德拉博士的出色工作，甚至激励了像我这样一个怀疑记忆画面再现的人。我强烈推荐这本作品，它改变了我的生命。

——路易斯·莫瑞琼（佛罗里达商人）

图书卖点

礼券

书皮内侧的勒口上会印上礼券,会提高读书会的上座率。本书出版一年后,会在丹佛举办一场周末读书会。读书会上卖出的书会用来支付读书会的开支。

礼券会引导读者上网注册来激活礼券,让我们能够收集读者的电子邮件地址,供之后使用。

可能的主题和相关产品促销/礼品

《你比你认为的更厉害》

《我比我认为的更厉害》

《你的感受比你认为的更厉害》

- 家用自学有声项目
- 期刊(包括书摘)
- 印字塑胶腕带
- 咖啡杯
- 冰箱贴等

新书发布一年内月度远程会议 ❹

月度《情绪物理学》免费远程会议会在新书发表的第一年内举行。这些电话会议将成为文章,采访和社交媒体中提到的福利。注册这些免费的电话会议需要登记一个电子邮件地址,让我们可以增加图书电子邮件订阅人数,同时,还可以在远程会议上销售图书。

杰夫点评

❹ 这位作者没有放弃,不断给出版商提供越来越多的理由,让他们相信她和她的销售能力。

面向其他目标读者的未来出版计划 ⑮

《超越RIM,找到越过隐藏障碍,加速成功的方法》(商业类书籍,与杰克·康菲尔德合著)

《情感是你的朋友,和你内心的魔术师一起探险》(儿童类书籍)

《填充空巢,如何再次相爱》(夫妻情感类书籍)

杰夫点评
⑮ 从长远来看,提供这类福利实际上对作者有利,因为这是后续向读者推销一系列收费服务的机会。
⑯ 这本书的目录和章节总结(我只列了部分)写得很好,也附有样章。

目 录 ⑯

序言   杰克·康菲尔德

简介

第一章:流动和离去——感情有自然的保质期
    3-5个真实故事
    如何起效
    小练习

第二章:看见和释放——情感有形
    3-5个真实故事
    如何起效
    小练习

第三章:分散和拆开——强烈情绪+事件=深刻记忆
    3-5个真实故事
    如何起效
    小练习

第四章：击退和吸引——情感有磁性

 3-5个真实故事

 如何起效

 小练习

第五章：挤压和逃避——情感越抵抗越强烈；越接受越温和

 3-5个真实故事

 如何起效

 小练习

第六章：重做和更新——真实的和想象的重构成为记忆

 3-5个真实故事

 如何起效

 小练习

第七章：我和你——总和大于人的各部分之和

 3-5个真实故事

 如何起效

 小练习

第八章：行动！——情感智慧的唤醒：过程

 3-5个真实故事

 5步过程

 如何起效

 小练习

"即刻，有效的改善生活的方法"

 擦除悔恨

 抚平怒气

 做出决定

大梦想幻灯机声音增强器

解决问题魔术师发明

结语

脚注

术语表

索引

书稿概览

序言　杰克·康菲尔德

"我很高兴能和大家分享黛博拉·桑德拉的作品！她和我一起写书，和我的学生一起工作多年，取得了巨大的成果。她独创的突破性技术神奇地化解了阻碍我们的障碍，加速了我们生活各个方面的成功。黛博拉是最最棒的！我很高兴她要把这种非凡的资源分享给大家。现在就拿起这本书，如果你想让人生更成功！"

——杰克·康菲尔德（《纽约时报》畅销作家）

简介

1995年，我父亲在堪萨斯的家中心脏骤停，我半夜被重症加护病房工作人员的电话吵醒，他们要求我签"不复苏"同意书。尽管有抢救措施，他的血压无法保持住，护士们确信他活不过当晚。我当时生气地说："不。"我意识到父亲对我和他所在的小镇上的人是多么重要，思绪不断在我的脑海中打转。当我挂断电话，我有一种直觉，一种梦一般的景象浮现在我的脑海中：像一部电影，而且我是其中的一个角色，父亲正走入一团巨大的光中，我生气地大喊："你这样走了，我真的生气。我还没有准备好。"

令我吃惊的是，父亲转过身来，用一种前所未有的容光焕发而又安详的神情看着我。"我不知道你是这样想的……好吧。"他说。愤怒很快从我身上消失了，我感到四肢无力。"这只是我的想象，对吧？"我想，但我真心希望这不只是想象。第二天我飞到堪萨斯州时，他的护士告诉我："半夜的某个时候，你爸爸的血压突然开始稳定下来。"我父亲活了下来，并度过了他和母亲认为的"人的生中最美好的五年"。我们得到了第二次机会，而且我们抓住了。这段经历之后，我开始去理解这种力量，并学习有意识地将其运用于特殊的治疗。

我结束了25年的成功的心理治疗生涯，在过去的18年里，我一直在探索情感是如何天然地帮助我们更快，更有效地治愈自身。《情绪物理学》说明了情感是一种恩赐而不是诅咒。我们可以通过一种快速、无痛的方式，将自己从吞噬生命的生理和心理伤害中释放出来，从而变得更自信、更健康、更有爱、更成功。

事实证明，我们可以追踪到身体的问题，负面情绪，然后重建情绪以快速有效地解决问题和复原。我们只是到现在才知道怎么做。这就像一个情感上的自洁烤箱，但你必须知道如何打开和使用它。

《情绪物理学》解释了情感如何自然地以可预测的方式扩展和收缩。就像所有事情一样，知道事情是如何运作的就意味着我们可以想办法促成我们想要的结果。"情感"被我认为是又大又吓人的怪物，其实，可以简化为7种简单的理解。运用它们能让你对自己的情绪有一种掌控感。此外，你有意像谷歌搜索的速度一样加速恢复，解决问题，然而，你的情感的工作原理与逻辑思维方式有着惊人的不同。

《情绪物理学》采用一种非逻辑的，自由流动的思想状态，类似于白日做梦和夜间做梦，研究表明这是有益的。理查德·费希尔报道说，目前的研究表明，我们会在大脑施加的严格限制之外进行创造性思考。这本书中的真实故事展示了运用想象力解决日常问题，治愈身体病痛和平息情绪波动的非凡力量。

大自然是一位伟大的老师，宇宙的运转令人敬畏。我们也是由生命的智慧创造出来的。自然的智慧反映了我们的天然能力，我们可以用自然世界作为隐喻来解决人类的问题。早在1452年，人类就通过观察鸟类理解飞行；莱特兄弟在设计飞机时通过观察鸽子获得了启发，这样的想法现在是一门科学学科，叫"仿生学"。这本书以大自然为隐喻来解释7种普遍的情感品质，这样你就能明白你的情感是如何比你想象的更厉害。

章节梗概 ✗

第一章
流动和离去
"感情有自然的保质期"

人类时代从一开始，我们就害怕不悦的感觉。在神话中，亚当和夏娃证明了按照自己的感觉行事会导致危险的结果。苏格拉底和亚里士多德曾写过著名的哲学著作，论述我们"应该"如何培养独立的人格，永远不要让自己陷入愤怒和嫉妒的情绪中。在人类历史的某个时刻，我们开始认为情感需要加以控制，我们才能感到安全和有道德。

此外，我们认为我们是我们的感情，你可以在我们的话语中听的到，"我生气了"，好像在说"我就是怒气"。然而，这种感觉自然地短暂出现，并不是我们硬件的一部分。相反，这些

黛博拉点评

✗ 章节总结可以展示每个章节的内容。你可以利用这个机会来展示你的写作技巧。你不必在每段总结中投入相同的努力或呈现同样的细节，但是在这个文案中，我认为放入一些真实的故事是很有益的。你并不清楚什么内容才能让你的文案越过栅栏，赢得合约；你也不知道是什么才会让你收到多份合约，在报价时获得竞争优势。尽管你可能会觉得自己是在往山上推石头，但还是值得付出努力，让你的文案的每部分都有说服力，并根据你的核心信息进行组织内容。

感觉的目的是提供反馈，并且自然地通过我们的身、心就像水在河中流淌。

就像水的生命周期一样：通过大气进出海洋，在陆地上下，人类的情感也在我们的生命周期中不断沉淀、下潜、浮出、蒸发。试图通过抵抗和回避来控制情感，就像建造一座生理大坝，阻挡一池情感之水。除非按照大自然的设计，顺流而下释放，否则这种自我创造的、不被接受的情感会在身体的同一部位淤积盘旋。

这一章教我们如何设计一道闸门，以安全的方式将情感从身体中释放出来，从而消除情感的泛滥。读者会得到简单易用的工具，来疏导情绪，避免情感和身体受到伤害。第一章解释了完整的感觉是我们情感导航系统的一个正常方面，每一种经过的感觉都带来了有价值的信息，过了自然保质期就会像河里的水一样蒸发。当我们欢迎情感，我们就激活了天然自愈机制。

- 3-5个真实故事
- 如何起效
- 小练习

总结：当你让感情自然流动时，它们就会带来有价值的信息；在你前进时，它们会自然消失。

第二章（见样章）
看见和释放
情感有形

不像身体和智力有测量值，情感是无形和虚幻的。由于缺乏明显的物质，情感似乎是无限的，失控的和势不可挡的。它们让喜欢测算问题的定量左脑感到沮丧，因此，我们很难理解看不见的和不可预测的事物。

这一章揭示了情感的形式，以及如何在身体和心灵中测量情感。快乐、悲伤和身体疼痛的形式以独特的能量模式出现，这种能量模式是独特的，通过想象可以看见。通过揭示情感的形式，理智的头脑沉醉在解决问题的过程中。

抛开对主观感受的逻辑抗拒，头脑与心灵一起踏上了寻找原因的探索之旅。破坏思想/信仰，感觉和记忆的东西很快就会被连根拔起，一种更轻松，更积极的感觉就会在体内自动产生。

- 3-5个真实故事
- 如何起效
- 小练习

总结：当你感觉你的感觉有形时，你就获得了超越它们的力量。

第三章
分散和拆开
强烈情绪+事件=深刻记忆

粘合剂很适合用来比喻和理解某些痛苦和不健康的记忆是如何卡在我们的身体里,阻碍成功,损害健康,而其情感却不会。

粘合剂通过与外部能量的化学反应而被激活。例如,1839年查尔斯·固特异发现了用硫磺加热橡胶制成塑料。后来随着汽车的发明,需要更强,更耐用的粘合剂。人们用强酸处理橡胶,制成橡胶水泥,使金属与橡胶粘合。

同样,当身体对一个高度紧张的事件有强烈的生化反应时,记忆就会附着在神经系统上。其结果是体内记忆被强化,执着而难以改变。

然而,非情感体验则保持中立。

在第三章中,我们用两种方式来运用这个自然比喻:1)消除过去消极事件的附着性;2)点燃高度渴望的感觉,如自信和爱。

- 3-5个真实故事
- 如何起效
- 小练习

总结：当你摆脱了消极情绪，激发了自我肯定的情绪时，你的身体活力，思维清晰度和精神力量都会得到极大的提升。

图书策划案 2

❶
《准备、开始、得分！梦想家如何成为成功者》

西奥·陶西德斯博士（神经心理学家，纽约西奈山助理教授）

杰夫点评
❶ 作者和我花了将近两周的时间讨论这个书名。我记不起他建议的书名是什么，但没有一个让我满意。就像大多数作者一样，这位作者的题材也有很多人在写，而且作者本人不是名人。出版商往往会先关注缺陷，然后再去寻找优势。作者没有庞大粉丝群，而他的构思又让人觉得"和其他类似"，那么别人开始阅读他的文案之前，作者就先要补一个大洞。但这些缺陷应该被视为需要先发制人的挑战，而不是不可逾越的障碍。编辑首先会看到的是建议的书名。因此，书名应该要尽可能让人惊叹，但不要显得荒谬。强有力的书名会让读者产生积极的感觉，有助于减少读者可能存在的偏见。当然，出版商可能会更改书名，这本书就是一个例子。

神经心理学家（美国职业心理学委员会认证），纽约西奈山伊坎医学院助理教授。

曼哈顿大道454号—纽约1L，10026 dr.theo@tsaousides.com | 917-626-6017 | www.tsaousides.com

I．文案概览

    a．开头

    b．内容概览

        ⅰ．问题

        ⅱ．解决方法

        ⅲ．战略

    c．书稿

        ⅰ．书稿状态，篇幅预估，完成日期

        ⅱ．图书卖点

            1．外观

            2．插图

            3．附赠工作手册

            4．网上社群发展

Ⅱ．目标市场

    a．目标读者

    b．竞争

Ⅲ．作者：西奥陶西德斯

    a．传记

    b．平台

Ⅳ．章节梗概

    a．简介

杰夫点评

❷ 目录不是必需的，但列一个目录也没有坏处，能让出版商无须浏览整个文案，就知道文案的内容和顺序。任何减轻出版商工作负担的做法都对作者有好处。

黛博拉点评

ⓐ 这部分应该叫"文案目录"，以免读者混淆。这份文案的大纲列得很好，让文案看起来组织得很好，考虑周全。

杰夫点评

❸ 我通常不赞成大篇幅的概述，因为我认为这部分应该是对书中概念的简明陈述，详细的阐述可以放在章节大纲部分。这种偏好可能是我在大学一年级英语101年（1977年）时留下来的，当时那位教授坚持要我写一份简短的"论文陈述"放在写作作业的开头。这就是著名的贝克公式，我不知道现在还叫不叫这个公式。抱歉跑题了……我之所以能够容忍这个文案的长篇概述，是因为它有效，并且作者按逻辑将其分段，易于理解。最重要的是，作者证明了他有许多

b. 第一章　自我怀疑：直面内心的怪兽
c. 第二章　拖延症：尽早完成任务
d. 第三章　急躁：在自助餐厅排队
e. 第四章　多任务处理：过去，有一项技能……
f. 第五章　严格：坚持的破功
g. 第六章　完美主义：对"永远不够好"的追求
h. 第七章　消极：抱怨的艺术

V. 样章

I. 文案概览　❸　ⓑ

a. 开场白

作为一名神经心理学家，我的工作包括观察、学习和应用我的知识来帮助人们实现目标，改善生活。我一次次遇到同样的客户诉求：感觉自己被困住了。

这些人谈他们想改善生活、提高生产力、赚更多的钱、得到晋升、更健康、享受爱情、追求梦想、帮助别人实现梦想，或者仅仅是更享受生活。

但在他们说出自己的意图后，他们就忘记了，停滞不前，或者放弃。年复一年，他们陈述同样的目标，做出同样的承诺，重复同样的借口，但没有成果。

干货，而且愿意倾囊而出。写文案时，任何能达成目标的方法都能替换掉所谓"正统方法"。

黛博拉点评

ⓑ 我不太明白这部分是什么，"开场白"常常会出现在法庭开庭时。最好简单地将这部分命名为"概览"。概览是对本书内容的简短总结，并带有一些支持性的劝导。子主题很好，但是文案的每个部分都应该有说服力，每个标题都应该有意义。

ⓒ 这句话如果能清楚地说明作者是如何解决这个问题的，会更有力。作者找到消除心理障碍的方法了吗？这一部分如果能进一步强调作者的背景，显示作者与书中的解决办法的相关性，会让这部分更有力，可以加强作者的权威性，也能准确定位市场。

黛博拉点评

ⓒ 这句话如果能清楚地说明作者是如何解决这个问题的，会更有力。作者找到消除心理障碍的方法了吗？这一部分如果能进一步强调作者的背景，显示作者与书中的解决办法的相关性，会让这部分更有力，可以加强作者的权威性，也能准确定位市场。

　　这本书是为了帮助那些想在生活中收获更多却不得的人，《准备、开始、得分！》是一本关于通往成功的心理障碍的书。这些障碍是思维定式、是习惯、是挫折，并且，最大的障碍是：失败的大脑自我管理。这本书是一个指南，帮助你认识到危险的信号，并清除心理障碍，腾出成功之路。 ⓒ

b. 内容概览

i. 问题

没有成功故事的世界

　　成功可能是最令人垂涎的词语之一，尽管有无数定义，成功始终是所有人都渴望的。成功有很多种类，或小或大，日常或终身，物质或精神，渺小或宏伟，高尚或卑微。无论何种规模、范围或意图，任何成功总是从设定目标开始，到完成目标结束。但成功最重要的部分是在于设定和实现目标的过程，就是对目标的追求。这就是成功：决定你想要什么（设定），努力去完成它（追求），看着它有结果（实现）。

　　有太多的资源和无数的专家都想激励、教导人们如何设定和实现目标，包括书籍、视频、播客、博客、网络研讨会、现场活动、培训，以及任何可以想象到的指导，从如何变得富有或健康，到如何变得酷或性感。每个人都能找到适合自己的自助类书籍。自助类书籍行业丰富得就像一个大卖场。

尽管有丰富的资源，但事实是，大多数人在谈论他们想要的生活时，比较少真正设立目标，实现目标的更是寥寥无几。在不同的环境下，成功实现目标的人的比例却是相近的：只有10%。例如，研究表明，在所有制定新年计划的人中，只有8%的人会真正实现他们的新年计划。一年开始两个月后，大多数人几乎不记得他们的计划是什么了！

在自助行业，10%的成功率也明显适用。虽然自助行业每年产品和服务的产值有数十亿美元，但统计数据显示，人们实现目标的成功率只有可怜的10%。

想象一下，如果只有10%的医生、教师、城市规划者、企业主或法官能够实现他们的目标，如此低的成功率对他们服务的数百万人的健康、教育、生计和合法权利，社会将会受到怎样的影响。 ⓓ

如果人们设定的人生目标都只有10%的成功率会怎样？如果人们只能实现10%的希望，他们生活又会是什么样子？如果他们希望完成的10件

黛博拉点评
ⓓ 递交文案之前，应该仔细阅读。这段文字语法有错。如果有必要的话，把文案大声读出来，或者按老办法用尺子一行行校阅。

事情中有9件无法实现呢？我估计，如果个人、专业、财务、学术、人道主义或任何其他目标的失败率高达90%，很快，这个世界将成为一个非常压抑、悲观和痛苦的地方。 e

成功中艰难的部分 f

许多不同领域的专家提供了数百种设定和实现目标的方法，有的承诺能完成任务，有的承诺能实现梦想。

我也是这样的专家之一。我的工作是帮助人们设定和实现目标，因此，我对他们的成功付出良多。我教他们各种各样的技能和可以用来实现目标的策略。并确保我选择的技术得到了测试和证明。我所做的一切都是以科学和研究为基础，并在各种环境下得到使用，包括企业、组织、医疗机构和学校。我甚至用它们来实现我自己的目标。

但事实是，光有技术是行不通的。不管我们这些专家声称这些方法多么有效，也不管我们能提供多少证明来支持我们的方法的力量，事实是很多人还是会失败。

失败是因为在成功等式中最重要的因素不是方法，而是使用方法的人。成功的关键在于一个人用他所知道的去做什么。一个人的行为完全由自己控制，而不是专家。我和数百人一起工作，

黛博拉点评

e 这部分是本书的关键，但作者在这部分并没有作清晰的比较。内科医生们的工作和人生目标有什么不同？在这部分对比自己的工作和目标，并实现目标，或许会更好。如果能在这部分让版权代理或编辑能够看到作者对问题的定义，以及这本书如何解决这个问题，这能更准确地定位市场。

f 这是作者第二次提到有多少人写过或谈论过这个话题，没必要。重点应该放在作者的书带来了什么内容，而不是其他作者写了什么。这有点像防御性超卖。让我们真正知道你是做什么的，更有说服力，而不是先说明你写的东西比别人好。然后再让我们真正知道你是谁、在写什么内容。专注于你要卖的东西——你的书。

他们的目标五花八门：有些人想在工作上更成功，有些人则希望自己能更好地做决定。 ⑨

经过多年的观察和学习，我有一个重要的发现：10%的成功者有什么不同。不是方法的问题，不是他们的基因，不是他们的个性，也不是他们的教育，不是他们的性别或成长环境，而是一个简单而显而易见的特征：他们采取行动。成功者追求他们的目标，朝着自己想要的方向努力。

设定一个目标是有趣和鼓舞人心的，能激发动力、改善情绪、培养乐观心态。实现一个目标是值得的和令人兴奋的，看到自己劳动的结果会产生一种满足感和成就感。但是，尽管专家们会展示如何设定目标，并提醒客户实现目标是什么感觉，保持客户的积极性，但没人会过多谈论成功中最努力、最平凡的部分：追求目标。

追求一个目标是指采取一切必要的步骤，把愿景变成现实。它指的是为了完成一个目标，每天必须完成的小任务和大任务；是想法变成计划，计划变成行动的方式。它指的是实现和执行；指的是跟踪进度并调整自己的方法。追求就是采取行动。这是90%的非成功者不及格的部分。

行动是成功的基本要素。无论你的目标是减肥、写书、建造梦想的家，还是寻找真爱，唯

黛博拉点评
⑨ 概述部分可以更简明扼要，已经接近了本书内容的核心：成功的人是已经采取行动的人。这本书是关于追求的，我建议概述部分可以短一些，这是文案，不是书。直奔主题，版权代理或编辑会了解你会如何实现你的承诺。

一的方法就是去做点什么。任何目标都需要行动（行为是在大脑中开始和停止）。

最大的资产怎么能变成最大的挫折

我们的大脑天生就会成功。它们是用来设定、追求和实现目标的。它们都配备了一套能够做到这一点的机制，被称为认知功能，涉及从我们的内部和外部环境接收、存储、转换和使用信息。例如，注意力是一种认知功能，使我们在任何给定的时刻关注与我们的目标相关的信息。我是应该听坐我旁边桌子的那对情侣的对话呢，还是应该专心写完这段话呢？

获得成功涉及几个认知功能。我们有能力设定目标、预见结果、计划和策略、评估风险、开始我们的努力、跟踪我们的进步、克服障碍，最终庆祝我们的成功，这些都是我们认知功能的结果。虽然所有的大脑都具有这些功能，但并不是每个人都知道它们是如何工作的，也不是每个人都知道如何更有效地使用它们。例如，所有的人都知道他们可以记住过去学到的东西，而负责存储这些信息的大脑功能叫作记忆。他们也知道，有时他们的记忆力会衰退，最终会忘记一些事情。 **h**

回想一下你上次去杂货店买东西的情景。你

黛博拉点评

h 这是一个关于认知功能的非常有趣的解释，但是如果它与目标相联系的话会更有说服力。在我看来，这位作者让读者在建立联系上有点操之过急。

还记得你去了哪家杂货店吗？你买了多少东西？你当时穿什么？登记员的名字？你付了多少钱？你结账时在放什么歌吗？你能百分之百肯定地回答多少个问题？一个？两个？全部六个？

这是一个挑战。下次你去杂货店的时候，试着记住杂货店名字、购买的物品的数量、你穿什么衣服、收银员的名字、支付的确切金额，以及背景歌曲。你认为这次你能百分之百肯定地回答这些问题中的多少个？很明显，你会比以前记得更多。说明什么？

你的记忆功能在两次去杂货店之间得到了改善？不见得。这意味着你在第二次使用记忆功能——你的大脑储存信息的能力——的时候方法是不同的，结果你记忆和回答问题更成功。

大脑的所有认知功能也是如此。我们越有效地利用它们，就越能实现我们的目标。我们使用它们的效率越低，我们成功的概率就越低。

大脑故障：我们的大脑如何破坏我们的成功
我们的大脑非常高效，但有时会失败。我们的认知功能容易出故障，会阻碍我们的思维，影响我们追求目标的方式，影响我们的行为，造成混乱和堵塞，因此我们停止行动，并开始漂移、停滞或退缩；我们的行为变得无目的、无效，不再为我们的目标服务。

大脑故障经常发生。事实上，一段时间后，它们不仅会扭曲我们的行为，还会影响我们设定的目标、期望的结果，甚至我们看待自己和他人的方式。我们开始把成功归因于好运、好基因或好习惯，而把失败归因于坏运气、不可逆转的人格缺陷或坏习惯。

我们需要认识到：我们的思维和行为是如何在大脑中开始和结束的。传统上，我们把性格特征与木讷、低效、失败和抑郁联系在一起，但它们不过是大脑故障的产物，低效使用大脑的结果。我们的大脑为成功制造了心理障碍。只有我们知道如何使用大脑，才能消除这些障碍。

心理障碍是行动的敌人，把动力变成惰性，把高效变成庸碌，把梦想变成懒惰，会导致一系列的问题，从工作效率下降、人际关系紧张，到抑郁症和焦虑症等严重的临床问题。慢慢地、系统地，它们最终扼杀了人们的梦想。

ii．解决方法

大脑管理：清除心理障碍

我们有设备、有能力，现在让我们用它们来打破我们的心理障碍。我们的大脑是强大的，知

黛博拉点评

❶ 现在我们有了进展。如果作者说："如果你没有实现目标，那不是你的错，是你的大脑没有经过训练。"在写非虚构类作品时，一定要记住这一点：主要叙述的语句也是潜在的讨论主题。这是一个发人深省的概念，但似乎隐藏在冗长的概述中。在文案的开头使用额外的信息作为对本书的关键部分的支持会更好。

道如何更好地管理它们即将解决的问题。

大脑管理是一种能够以最好的方式使用我们的认知功能,并防止大脑故障成为心理障碍的能力。大脑管理是成功的关键,使我们的行为与目标一致。

大脑管理由两部分组成:意识和参与。意识是知道心理障碍是什么,是什么造成的,如何干扰追求目标,以及如何战胜它们。参与是做我们现在知道是必要的事情,以发展新的思维和行动方式,实现我们设定的任何目标。

意识和参与相辅相成,缺一不可。为了完成某件事,我们需要知道该做什么。仅仅知道做什么并不意味着我们会去做。大脑管理就是将知识转化为行动。知道大脑的把戏可以让我们做一些不同的事情。例如,如果我们知道自己有拖延的倾向,也知道我们应该尽早开始做一个项目,以避免错过最后期限。但是光知道并不意味着你可以更快地开始工作。拖延者不会因为缺乏意识而痛苦。他们缺乏参与。

意识——人们需要知道的: k

- 成功的七个心理障碍是什么
- 与每个心理障碍相关的典型感觉、想法、行为是什么

黛博拉点评

j 这是一个卖点:"你可以学会管理自己的大脑,防止心理障碍阻碍你的成功。"大脑管理是意识和参与的结合。记得把你的卖点放在开头。这份文案很好,但如果读者能更早地知道作者真正在写什么,那就更好了。

k 虽然放在这里可能不是很恰当,但应该有一个粗体的子主题标题。不要提问,而应该使用项目符号来呼应第二部分的"参与"部分。

- 目标导向行为中大脑的功能是什么
- 什么是大脑故障？它们是如何产生挫折的
- 不清除心理障碍的代价是什么
- 消除心理障碍的最佳策略是什么

参与——人们需要做的：

- 积极地在他们的行动、想法和感觉中寻找精神障碍
- 一旦发现心理障碍，马上识别并标记
- 坚持不懈地练习每一个策略，直到它成为第二天性
- 跟踪目标的进展

考虑人类大脑的学习速度，大脑管理可以迅速改变人们实现目标、工作和整个生活的方式。然而，这里有一个重要的免责声明：即使有良好的大脑管理，大脑故障本身也无法完全消除，因为它们是由具有巨大进化价值的大脑机制产生的。它们的存在是为了保护我们，保障我们的生存。这就是为什么解决方案是管理，而不是一劳永逸的消除。管理包括监视、调整和进展。我们会时不时地感到不安全，可能会把事情拖到最后一分钟，会有很多"最后一分钟"，我们可能会一直抱怨坏运气。这都是正常的。控制大脑的小故障意味着我们要在行动中控制自己，防止小故障成为精神障碍；另一方面，完全消除大脑故障也是不现实、不切实际的。

iii. 战略 ❶

如何使用本书

《准备、开始、得分！》是一个指南，消除思想障碍和面向恢复的目标——行动。为了成功地做到这一点，读者需要学会识别与每个心理障碍相关的特征情感、思想和行为。当他们能够认识到这些心理障碍是如何出现并影响日常生活，他们就能够运用特定的策略来消除这些障碍。每一章都包括了一些策略，以消除大脑中导致思维障碍的小故障，消除行动障碍，包括使意识和参与变得更容易的方法。

每一章都专注于一个心理模块。章节的顺序不是随机的，反映出心理障碍从开始到结束干扰目标追求的顺序。有些障碍阻止人们开始工作，而另一些则阻止他们完成工作。

读者也可以选择不按顺序阅读章节，把注意力集中在被认为是生活中最大障碍的心理障碍上。然而，我的建议是通读各章，以促进认识，尤其要认识隐藏的对目标追求的障碍。

黛博拉点评

❶ 这似乎是对概述的重申，或者这部分应该是"章节总结"，因为讨论的是书的结构。

杰夫点评

❹ 这是一个独特的部分,我鼓励所有作者考虑加入这部分内容。对于一个非虚构类作家来说,真正有序的、战略性的章节结构计划是很有说服力的。

❺ 这是每一个感兴趣的出版商在出价之前都想知道的信息,所以完全应该写在计划书中。请记住,只有在合同中写明这些信息才具有约束力。

黛博拉点评

ⓜ 没有必要把所有这些都说出来。

各章结构 ❹

每一章分为五个不同的部分:

忏悔:在这一节中,我将分享我自己和其他人的故事和例子,来展示心理障碍在行动中的阻碍。

发现症状:在本节中,我将更深入地描述这七个心理模块,包括所产生的特征、思想、感觉和行为;便于识别。

起源:在这一节中,我将描述是什么导致了心理障碍,以及脑科学和心理学是如何解释这些症状的。

副作用:心理障碍会对我们的身体、心理、情感和精神健康产生严重的影响。在本节中,我将描述不处理大脑故障的后果。

解药:在这一节中,我将针对每个心理障碍提出7种实用的策略,帮助读者改善大脑管理,防止心理障碍成为永久的障碍。

为了促进参与,在解毒剂一节中,我加入了一些练习,以便在读者自己的生活中更容易地实施这些策略。

c. 书稿 ❺ ⓜ

ⅰ. 书稿状态、篇幅预估、完成日期

手稿已基本完成,大约有5万词长。我正在进行一些最终的修改和编辑。我加入了一些额外的信息来更好地说明一些观点，并添加了插图。我预计最终的手稿将在这个长度内，最终的版本将在2014年4月底可以得到。

ⅱ. 图书卖点

1. 外观 ❻ ⓝ

《准备、开始、得分！梦想家如何成为成功者》是一个指导和资源。它的组织方式使其易于跟踪和定位不同的部分。每个章节或多或少都是独立的。战略部分标记得很清楚，读者可以随时返回来查看它们。项目符号、边栏和插图将贯穿始终，总结和强调要点。我想象着一个优雅的封面，就像丹·吉尔伯特的《被幸福绊倒》。和其他结合了研究、科学和实用建议的书一样，我想象着一个有趣、诱人的形象，来灌输希望和乐观，并提出积极的结果。

2. 插图

图形插图将呈现书中的许多关键概念，并作为视觉助手。

3. 附赠工作手册

正如我已经提到的，每一章的准备、设置、目标，最后是一个解毒剂部分，它作为一个集成的工作簿，让读者开始将这些策略应用到他们的个人生活中。

杰夫点评

❻ 当作者对这本书的外观或感觉有特殊的设想时，尤其是如果这有助于使这本书更具竞争力时，文案中可以写清楚。但要灵活；出版者有主要决定权，在许多情况下，出版合同未被终止时，作者不能推翻出版社的决定。

黛博拉点评

ⓝ 书的外观不是必要的部分，除非外观非常独特，才需要说清楚。

杰夫点评

❼ 在现在的大环境下,这部分可能会有问题。一方面,这部分表明作者很有想法,但另一方面,作者实际上并没有开始这样做。因此,出版商可能不会把这部分信息视作有价值的内容,为文案加分。

❽ 坦率地说,假设一本书确实存在广阔的市场,文案的这一部分就很好写。你首先要考虑的是:不要伤害别人。在这种情况下,作者做出清晰的说明,并解释为什么他的主题是非常成熟的。

黛博拉点评

🅞 这属于推广,不该放在文案的这一部分。

🅟 这本书是关于心理障碍的,所以作者可能会把目标市场解释为拖延症患者、完美主义者、自尊心不强或者有其他阻碍成功的因素特质的人。这样做的目的是为了在建立市场的同时重申他正在解决的问题。

4. 网络社区的发展 ❼ 🅞

我未来几周的目标是创建一个使用社交媒体的在线社区,以便更广泛地推广这本书和我的作品。在线社区将有几个用途:首先,将为我提供一个场所,让我更多地谈论这本书以及与书相关的活动,如出版日期、图书签名、演讲活动和培训研讨会。其次,它将允许读者与作者互动,互相提问、反馈、分享经验,并为消除心理障碍提出建议。第三,书中有很多我没有提到的想法,以保持篇幅可控,信息更容易记住。这些信息可以在社交媒体上分享,比如每周的小贴士、时事通讯和白皮书。最后,随着我对这个主题的涉猎越来越深,从自己的研究中也学到了越来越多的东西,作为一种额外的资源,我将继续发展自己的想法,创造出可以与读者和关注者分享的概念。

II. 目标市场

a. 目标读者 ❽ 🅟

斯克兰顿大学的约翰·诺克罗斯的一项研究被广泛引用,研究显示,大约50%的美国人会制定新年计划:在每年的特定日子里设定一年的目标,并让别人知道他们的目标。这些目标有简单而具体的目标,如减肥;也有更有特点、整体性的愿景,如过更充实地生活。这意味着,不包括18

岁以下的人，每年大约有1亿人在制定新年计划。

这一比例反映了在新年前后设定目标的人的数量。事实上，越来越多的人表达他们想要完成的事情的意图，不仅仅是在1月1日，而是全年。这些目标有些是私人的，有些是职业的，有些旨在改善容貌，有些改善生活。

根据相关研究的统计数据，假设达不到目标的人的百分比在各个领域是普遍的，这意味着估计有90%的人永远达不到他们的目标。他们中的一些人将永远看不到他们的想法转化为行动，他们中的一些人将无限期地停滞不前，一些人将被困在一个无限循环中而精疲力竭，而另一些人将彻底失败。

这些人觉得自己被困住了，遇到了挫折。到处都有这样的人，在我的工作中、网站上、社交网络中，有男有女。其中还包括25岁至54岁之间的人，应该工作效率最高的年龄段，也需要或者面临人生大转变的人，比如换工作、搬家、毕业、创业、结婚、为人父母，或者处理健康问题。

他们阅读了大量的书籍和博客，希望找到解决问题的良方。他们参加现场活动和网络研讨会、观看"油管"视频、参加聚会，希望得到启发。他们迈出了很多第一步，只是，没有后续的第二步和第三步。他们可能看起来很忙，但并没有效果；他们投资自我，这些人是这本书的首要目标读者。

以我的两个客户为例。他们都是40多岁，有着相似的家庭背景，未婚，都非常聪明，有抱负，有创业精神。因为意外的情况，他们两人都失业了，跑来找我，想知道他们下一步该做什么。他们的梦想大不相同，也都开始为自己的目标努力。然而，我发现他们有一个很大的不同：杰森的目标是立即建立自己的家庭企业。尽管这是他第一次尝试在专业领域之外的新事物，但他一直在遵循我们一步一步制定的计划，并一直使用我教他的策略。我们检查了他的大脑故障，杰森开始注意到他的行为实际上阻碍了他建立新公司。

另一方面，詹娜在实现她的目标方面进展甚微。与杰森相比，她每天都容易受到大脑故障和大脑阻塞的影响。例如，她花几个小时在网上查找不必要的信息，而不是为她管理的时事通讯写文章。当我提出建议时，她会否决这些建议，对未来的结果做出悲观的预测，很少尝试新的方法。我们开始一次专注于一个心理障碍，我们选了一个我们都认为她应该首先挑战的：拖延症。

她开始运用这些策略，瞧，事情很快就开始了。现在她开始注意到自己的拖延习惯，有办法帮助自己克服这些习惯。我们还在努力，希望不久她就能更接近她的最终目标。

b. 竞争 ❾ ❿

有几本关于如何实现目标的书。例如，《目标：你可以以你无法想象的速度完成你的任务》《超越待办事项列表：目标》《使想法成真：克服》《愿景与现实之间的障碍，和目标设定的初学者的指南》《如何得到你想要的一切》等。这类书籍和其他许多同类书籍都提供了目标设定技巧和建议，任何人都可以跟着做。例如，就像《准备、开始、得分！》，斯科特·贝尔斯基的书也强调了这样一个事实：大多数创造性的想法从未实现。他提供了一个将想法转化为可执行项目的框架，并认为，实现想法的关键因素是想法本身的质量，以及组织技能、社会力量和领导能力。虽然这个框架可能确实会成功，但并没有解决成功等式中最大的因素：个人自己产生的心理障碍。

约翰·诺克罗斯的《改变学：实现目标和决心的5个步骤》提供了自我改变的5个步骤。据我所知，这是心理学家写的为数不多的以科学证据为基础的同类书籍之一。也类似于《准

杰夫点评

❾ "竞争"部分可以中立客观一点，叙述下在亚马逊上找到的信息。作者利用这个部分进一步证明了他的观点、专业知识和诚意：他不仅知道其他的书，而且读过它们，知道它们的优点和不足。

黛博拉点评

❿ 这个"竞争"部分很有效，展示了这些书如何能和作者的书互补。

备、开始、得分！》，诺克罗斯把人们的注意力集中在改变自己的事情上。然而，改变的目标通常是一种有形的行为（例如，多锻炼或戒烟）。《准备、开始、得分！》的目标是由大脑功能产生的心理障碍、思维方式和存在方式，并成为一个人行为系统中的永久组成部分。我们的目标不只是"遵循这种方法并改变一个方面"，而是"遵循这种方法并学习如何改变任何方面"。

关于习惯的好书与《准备、开始、得分！》有一些共同之处。这一类中最著名的是史蒂芬·柯维的《高效能人士的7个习惯》。这本书是指令性的，列出了人们需要做什么以获得成功。在某种程度上，我看到了《准备、开始、得分！》与柯维的书异曲同工的是，本书逐字描述了效率低下的人的7个习惯。

最后，查尔斯杜西格的《习惯的力量》，做了一项了不起的工作，强调了习惯的重要性，以及习惯是如何形成的。这本书为《准备、开始、得分！》提供了良好的基础，展示了形成习惯的机制，也同时展示了不形成习惯的机制。

III. 作者：西奥陶西德斯

a. 传记

西奥陶西德斯是一名神经心理学家，临床研究人员，也是企业家。他的学历包括纽约州立大学奥尔巴尼分校咨询心理学博士学位，以及纽约西奈山伊坎医学院神经心理学博士后奖学金（前身为西奈山医学院，获得美国职业心理学委员会的认证。

从2007年到2013年，西奥博士是西奈山的助理教授，担任研究员、临床医生和教育家。他的工作重点是改善脑外伤患者的生活，与数百名脑损伤患者及其家人一起工作，并参与了创新疗法的研发，帮助脑损伤患者恢复正常生活。

西奥博士曾在著名学术期刊上发表科学论文，并与人合著教科书章节，专门研究脑损伤后的评估和治疗。

比如：
- 他发表在西奈山医学杂志上的一篇题为《创伤性脑损伤后的认知康复：从评估到治疗》的文章，经常被引用为对该领域最佳实践的全面回顾。
- 由《脑创伤》（医学期刊）出版的《创伤性脑损伤患者使用"脸书"社交网络的熟

杰夫点评

❿ 我通常认为应该把作者的生平和自我部分放在文案的开头，因为这可能是出版商在开始正文前最想看到的内容。这份文案中我没有强调这点，因为作者很好地在整个文案中嵌入了他的特殊性，出色地展示了自己令人称羡的背景。

黛博拉点评

🅡 这部分应该叫"作者简介"，而不是"传记"；除此以外，这一部分其实非常出色，而且和作品联系紧密。

悉程度和普及率》是关于外伤性脑损伤患者使用社交媒体的首批研究之一。
- 他的文章《通过视频会议向脑外伤患者提供集体治疗：可行性研究》正在审查中，准备发表在《神经心理康复》杂志上。这篇论文描述了迄今为止的第一项在临床人群中，在线调查群体治疗的实施情况的研究。

此外，西奥博士还为国内外专业观众举办了多次研讨会和演讲。最近：
- 2013年8月，他在美国心理学协会年度大会上为心理学家举办了一个关于解决问题和情绪管理的培训工作坊，这是心理学家参加人数最多的行业会议之一。
- 2013年10月，他在当代论坛主办的一次会议上，为医疗服务提供者举办了一个关于解决问题和情绪管理的培训讲习班。当代论坛是医学培训和继续教育领域最大的组织之一。
- 2014年9月，他将在印第安纳波利斯为脑外伤患者及其家人举办一场关系建立研讨会。2012年9月，同样的研讨会在北卡罗来纳州夏洛特举行，取得了巨大成功。

西奥博士是数个专业组织的成员，包括美国

心理协会和国际神经心理学会。西奥还担任两份最负盛名的物理医学和康复期刊的审稿人。2010年，他获得了美国教育部75万美元的拨款，用于在西奈山创建和运营一个神经心理学和康复研究的博士后培训项目。2012年，他为上述在线群体研究提出的建议得到了美国国家残疾与康复研究所450万美元拨款的一部分。

2013年5月，西奥博士辞去了在西奈山的全职工作，全身心投入到自己的创业活动中，其中包括为心理健康专业人士建立一个营销培训项目，撰写著作，以及开发一家个人发展公司。他目前在纽约市私人执业，并在西奈山康复医学系担任副教授。

d. 平台 ⓫ Ⓢ

由于我的职业，我平台的很大一部分由心理学家、研究人员和其他卫生保健提供者组成。通过专业的演讲和出版物，我建立了一个庞大的合作者网络，我继续与他们合作各种项目，包括研讨会、培训和项目开发。例如，我是丹佛VA、阿拉巴马职业康复服务中心和印第安纳康复医院的顾问。我所有的合作者都是大型卫生保健系统的提供者。这本书一旦定稿，我就会让他们看一些内容。这些专业人士可以接触到很多寻求服务的人；这些人都能从《准备、开始、得分！》中获

杰夫点评

⓫ 作者平台是许多优秀图书铩羽而归之处（走向标有自助出版的大门），但事实不尽然。这位作者不是名人，也不能保证书能畅销，但他并没有让人们注意到这些不足之处。相反，他提升了自己在业内的强势地位，给人一种体面的印象：他的同行们会共同推广他和他的书。

他还以一种听起来非常成功的方式提到了自己的初创企业，尽管它在建议书撰写时几乎不存在。

黛博拉点评

Ⓢ 作者把这部分称为平台，不过他也写了他会如何推广本书，最好把推广部分分出来，放在"目标市场"部分。版权代理和编辑想知道三件事：

　a. 市场：什么人是目标读者？作者能否和目标读者直接沟通？

　b. 平台：作者现有和多少读者接触过？有多少人期待作者的新书？可以包括社交媒体数据，如果数字好看的话；以及邮件列表和电视或广播节目。

　c. 营销和推广：作者会如何拓展平台，并把影响力转化成销量？

益良多!因为这本书是针对非专业人士的,并没有使用太多术语。

我继续在西奈山做兼职教师,也在纽约圣约翰大学教研究生课程。通过学术机构的交流渠道,在书籍出版的时候,会有非常多的人获得关于这本书和作者的信息。例如,西奈山学院每周向一万多名员工广播几次时事通讯,每次教职员工都可以发表或出现在新闻中,包括新闻、广播或电视;还可以提供简短的描述和访问网站的链接。这种媒介能让成千上万的人有机会了解这本书。

顺带一提,我在《广播电视采访记者》上投放了一则广告,重点关注这本书的内容,预计将于2014年2月播放,并连续播放6个月。我一直接到电台制作人的电话,要求作为他们节目的嘉宾接受采访。我希望这些采访能为这本书和作者提供更多的宣传机会。

我最近创建了一家公司,利普中心,其使命是促进个人成长、成功表现和情感健康。我与其他心理学家和市场营销者合作,为更广泛的受众创建研讨会、培训工作坊和培训项目。作为利普中心的首批项目之一,我为心理治疗师开发了一个培训项目,这个项目将使我能够接触并与大量心理健康专业人士更密切地工作，我希望与他们建立战略联盟。这个组的人可以把这本书列入他们推荐给客户的阅读书目中。

我营销计划的下一步是通过参与社交媒体，开始接触更广泛的受众。我已经为利普中心开通了"脸书"和推特账户，并将很快开始广播。我的计划是就这本书的内容以及利普中心创建的其他项目写一些感兴趣的文章。

最后，我经常参加个人发展培训和活动，这为我与其他作者、演讲者和企业家建立联系和建立伙伴关系提供了充足的机会。例如，我是史蒂夫哈里森的量子飞跃项目的一名成员，该项目旨在对作家进行出版和宣传方面的教育。我还定期参加巅峰潜力的活动，以及乔尔·罗伯茨的语言影响力培训。在乔尔·罗伯茨的活动中，我制作了一个关于本书的宣传片。

章节梗概

a. 介绍 ⑫ t

《准备、开始、得分！梦想家是如何成为成功人士的呢？》摆出了问题、解决方案和策略。问题是，在不同的领域中，目标的实现率低得令

杰夫点评
⑫ 这些章节梗概的内容和风格都极好。

黛博拉点评
t 作者的章节梗概部分做得很好。每一个都是经过深思熟虑，并展示了其结构。版权代理或编辑能够知道这本书令人期待之处。

人失望。这让很多人感到困惑,想从生活中获得更多。这种高失败率对个人和整个社会都有重大影响。

成功被定义为设定、追求和实现一个目标。成功等式中最重要的变量是每个人自身,更具体地说,目标的实现可以追溯到大脑功能。由于我们不能有效地利用我们的认知功能,我们的大脑会产生思维障碍。

大脑管理是防止心理障碍干扰目标实现的解决方案。大脑管理有两个方面:意识和参与。

意识——你需要知道的:

- 成功的七个心理障碍是什么?
- 与每个心理障碍相关的典型感觉、想法和行为是什么?
- 目标导向行为中大脑的功能是什么?
- 什么是大脑故障?它们是如何给你带来挫折的?
- 不清除心理障碍的代价是什么?
- 消除障碍的最佳策略是什么?

你需要做的是:

- 积极地在自身的行动、想法和感觉中寻找精神障碍
- 一旦你发现了心理障碍,就马上识别它并

给它贴上标签
- 坚持不懈地练习每一个策略,直到它成为第二天性
- 跟踪你朝着目标前进的过程

产生思维障碍的大脑故障永远无法完全消除。它们是存在了数千年的生物机制。我们的目标是更好地管理它们。管理则意味着监视、调整和进展。另一方面,消除是一种神奇的思维!

《准备、开始、得分!梦想家如何成为成功者》是一个框架,让你发现自己的大脑故障,认识到故障典型的感情、思想和行为。这本书提供了一种语言,使辨识更容易,并提供了策略,使参与也更容易。

每一章都专注于一个心理模块。你不必按顺序读这本书,相反,你可以把注意力集中在你认为最适用于你的生活的心理障碍上。

这些章节分为五个不同的部分:
- 忏悔:在这一节中,我提供了一些例子来说明每个心理障碍是如何干扰面向目标的行为的。我经常用自己生活中的例子来说明大脑小故障给我带来了多大的麻烦!
- 发现症状:在本节中,我将更深入地描述每个精神障碍,包括其特有的思想、感觉

和行为，以便于识别。
- 起源：在这一节中，我将描述心理障碍背后的解释，包括产生这种障碍的大脑故障。
- 副作用：在本节中，我将描述每个心理障碍可能导致的后果。
- 解决方法：在这一节中，我将针对每个大脑故障提出7种实用的策略，以帮助你改善大脑管理，防止心理障碍成为永久的障碍。

这些章节是按照七个心理模块干扰行为的顺序排列的。首先是自我怀疑，这可能会导致长时间的事后批评和由于害怕失败而形成的长期惰性。其次是拖延症，这是一种对完成任务的长期拖延。自我怀疑和拖延都是开始行动的障碍。第三是缺乏耐心。第四是多任务处理，即错误地认为注意力可以同时分散在许多事情上。不耐烦和一心多用都会导致低效的行动和草率的结果。顺序中的第五项是刚性，当需要改变时，刚性是反常的持久性。第六是完美主义，这是一种对不重要的细节过分纠结的强迫症。僵化和完美主义让人们忙得团团转，没有实际的意义。最后，消极是第七种心理模块，无法欣赏、希望、放手。消极对每一步的影响都是毁灭性的。

在你往下读之前，花一分钟想想你最渴望的目标，一件你渴望了很长时间却没能实现的事：

也许是再订一次新年计划，也许是无压力的生活、你热爱的工作、你想要精进的技能、你一直想实现的梦想之旅、你想画的一幅画、你想写的一首诗、你想种的一朵花、你的孩子想教你玩的一个游戏、父母希望你能给的宽恕。

为什么这些目标还没有实现？你需要采取哪些行动？你采取的行动中哪些没有取得成效？

当你读这本书的时候，滤一下你的想法和行为，学习如何在逆境中把握自己，运用这些策略，判断哪些策略对你更有效。

让今年成为你完成新年计划的第一年，再不把同样的计划带入下一年！

b. 第一章　自我怀疑：直面内心的怪兽

自我怀疑：对自己和自己的潜力缺乏信心。

你是你经验的中心，是你自身变化和进化的代理人，是你行动的能量来源，是带你到达终点的工具。没有你，就没有梦想，没有激情，没有创造力，没有抱负，没有行动，没有与他人的联系。你的自我是你生命中最恒久、最熟悉的实体。你花在自己身上的时间比花在别人身上的时间要多。

你能想象不相信自己的后果吗？

自我怀疑是一种习惯性地对自己能力的事后评价。有时被称为缺乏自信，有时被称为不安全感、自我意识、害羞或自卑。不管它叫什么名字，自我怀疑决定了我们设定的目标有多大、多高、多远。

自我怀疑的典型反应是犹豫，是情绪调节失败的结果。自我怀疑深深根植于我们大脑最原始的部分，是现代版的"战或逃"反应。在恐惧的支配下，怀疑自己的人既不斗争也不逃避，原地不动。当他们的思想在自我挫败的思想中游泳时，他们的身体宣布进入紧急状态并关停。

自我怀疑的后果可能很严重：
- 持续的恐惧：自我怀疑的人生活在一种永久的恐惧状态中，这使得他们失去了区分真实威胁和想象威胁的能力。
- 困在舒适区：自我怀疑的人一辈子都在舒适区，这阻碍了他们的学习和成长。
- 退缩的梦想：由于害怕失败，自我怀疑者的梦想很小，最终会实现更小的目标。
- 零影响：没有信念，自我怀疑的人不会成为任何人的榜样，即使他们的头脑中隐藏着突破性的、改变世界的想法。

本章的最后一部分提供了七个策略来为摆脱自我怀疑带来的停滞铺平道路。建立信心和战胜自我怀疑的七个策略是：

- 自吹自擂：读者将学习如何通过书面练习发现和欣赏自己的长处。
- 面对怪物：知道我们害怕什么会让恐惧消散。这一策略将帮助读者识别五种恐惧类型中的哪一种使他们"定格"并抑制他们：是害怕灭绝，害怕残缺，害怕失去自主权，害怕社会孤立，还是害怕失去个性？
- 如果你不知道，那就去学吧：缺乏自信的主要原因之一是我们的知识不足。知道我们不知道的是好事，但学习我们不知道的更好。
- 熟能生巧：虽然"熟能生巧"这句话并不总是成立，但"熟能生巧"绝对是有效果的。
- 为那些能够做到的人树立榜样：看到别人在我们希望完成的事情上取得成功，是一种极大的信心助推器。找到正确的榜样对于战胜自我怀疑至关重要。
- 远离那些爱唱反调的人：没有什么比被周围的人包围更糟糕的了，他们自己的消极情绪助长了那些怀疑自己的人的恐惧。
- 说到做到：有时候我们不得不假装！研究表明，让我们的身体呈现出一种充满自信的姿态会对我们的大脑产生欺骗作用，从而开始产生自信。

图书策划案 3

柜台边的疯子 ❶ ⓐ

来自零售第一线的真实客户服务技术

亚当·托普雷克

- 客户体验的战略家 ⓑ
- 公认的客户体验和客户服务专家
- "黏着顾客"服务解决方案与"黏着顾客"网站创始人
- 顾问、演讲者、特许经营开发商和零售企业主
- 工商管理学学士、硕士

杰夫点评
❶ 我喜欢这个书名,生动、有趣,感觉抓到了零售商面临的压力。

黛博拉点评
ⓐ 我个人非常喜欢这个书名,也可以缩短成《柜台疯子:零售前线的客户服务技巧》,我喜欢简洁的语言。
ⓑ 这是一个好的封面创意,这些头衔显示了作者的资质。

亚当·托普雷克
"黏着顾客"服务解决方案

杰夫点评

❷ 这不是书稿目录，而是文案目录。我鼓励做目录，因为目录有助于版权代理和编辑阅读文案。他们每星期都要阅读近百份文案。

黛博拉点评

ⓒ 文案的结构很好。我喜欢将第一部分命名为"概述和读者"，因为人们很容易混淆市场和营销。一个是潜在的读者，另一个是你让读者知道你的书的方式。这里的计划表的内容非常简单明了，但并不适用于所有的文案。追求清晰总比夸夸其谈要好。作者可以直接提供代理或编辑所需的信息，以便他们做出决策。

目录 ❷ ⓒ

Ⅰ. 概览和读者

Ⅱ. 作者介绍

Ⅲ. 竞争

Ⅳ. 营销和推广
  - A. 平台
  - B. 网站Salesforce.com
  - C. 零售战略
  - D. 企业战略
  - E. 书简介
  - F. 个人承诺

Ⅴ. 书籍大纲

Ⅵ. 样章
  - A. 简介
  - B. 每个人都焦头烂额过
  - C. 展示时间
  - D. 想帮助你的客户？闭嘴
  - E. 说人话

概览和读者

类别：商务>客服 ③ ⓓ
词数35000 – 45000
预期完稿时间：2014年6月1日

零售客户服务的一大误区是：糟糕的服务是因为员工懒惰、冷漠、无情。我管理和拥有一家面向客户员工的企业方面的经验则呈现出不同的图景。很多糟糕的客户服务都来自那些想把工作做好的好心员工。他们只是缺乏信心、工具和培训，他们需要成功的挑战现实的一线客户服务。

我常常想给我的员工一个指南，告诉他们如何做好客户服务，给他们需要的工具为客户提供特殊服务。一本书，我可以放心地交给他们，不仅教他们成功所需的技能，还赋予他们好的员工心态。我想要一本超越基本程序和简单建议的书，帮助他们成功地解决他们每天在前线面临的挑战，但这样的书并不存在。

有些书有很好的信息，但读起来像练习册。另一些则有更好的方法，但处理的主题过于狭隘，比如难以相处的客户或有用的短语。似乎很少有人能直接、相关地谈论一线员工在现实世界中的经历。

《柜台上的疯子》就是因此而设计的。 ⓔ

向一线员工展示了如何在他们的工作中取得成功和成长，将给他们的心态和技术，以开始

杰夫点评
③ 因为书名也明确了目标市场，所以可以将这些信息包含在概述部分中。这部分包含几段描述，有点长，但是由于效果不错，所以我没做改动。

黛博拉点评
ⓓ 如果这本书是按要求提供的，并且是完整的，您可以指出这一点。
ⓔ 作者既说了这本书所做的，也说了这本书将要做的；我认为应该要统一，要假定这本书已经存在；例如，说"给了他们思维定式"而不是"会给他们思维定式"。作为作者，你想要从权威的角度说话。

黛博拉点评

f 这部分内容应该写在"竞争"部分。概述中,应该关注的是书本身,要非常简洁。作者在这方面做得很好,但是我相信更有组织、更简短的版本会更好。概述的目的是向出版商和读者简要介绍这本书的内容。我以为在这部分会看到一则"一手"故事或趣闻轶事,结果却只读到这本书与竞争对手有何不同。

g 最好将目标读者从概述中分离出来,成为一个单独的市场部分,也可以命名为"目标读者"。在概述中夹带描述"目标读者",削弱了该书部分的力度。记住文案的每一部分应该各司其职,掺和在一起会削弱文案的组织结构,使其缺乏说服力。这份文案很好,但你要确保利用每一个机会超越你的竞争对手。如果有人想要出版你的书,要利于他们阅读你的文案,强调你想让他们知道的。

转变,知道他们不仅可以处理日常运作,但也疯狂、意想不到的情况,甚至是破坏运营的客户。

这本书不同于市场上的同类书,能更好地服务读者解释为什么某些客户服务技术和程序的重要性,并展示如何在日常生活中实施这些技术和程序一线。 **f**

同样重要的是要了解这些员工是谁,这本书的潜在读者是谁。一线服务岗位的员工大多是年轻人,这在今天意味着千禧一代。千禧一代学习的方法不同,他们的大脑已经适应了快速、即时的信息,想要迅速得到答案,也不想听"在过去"是怎么做到的。

《柜台边的疯子》在这两点上都有体现。首先,这是一本关于一线员工日常经历的书。一些客户服务书籍把一线当作一个和平的幻想世界,偶尔出现问题。这些信息在一线员工中几乎没有可信度,因为这不是一线的运作方式。一线是真实的世界,不是幻想的世界,一线员工想要了解在那个世界里什么是有效的。

第二,这本书对千禧年的人来说很容易理解,使用简短的章节,对话式的语气、趣闻轶事、要点和提示使信息,易于消化和记忆。研究或统计数据用一两句话而不是一两段话来表达。

《柜台边的疯子》马上就能说到点子上,而且只说一次;没有找到六种方法来说罗圈话。 **g**

《柜台边的疯子》教给一线员工他们想知道

的事，运用便于他们学习的方式更重要的是，书还告诉他们特定技术和过程背后的原因和方式。

企业家和管理者需要一个简单的解决方案

经济衰退似乎永久性地改变了企业组织。在很多情况下，裁员后的公司无法恢复到2008年前的员工水平。企业看到了利润率的增长，学会了用更少的钱做更多的事情，一线团队的压力比以往任何时候都大。

在许多情况下，一线服务员工在工作中获得的资源和帮助更少；更糟糕的是，双重的减少造成了一个恶性循环——更少的员工意味着更多的客户服务问题，需要员工更多时间，反过来又会产生更多的客户服务问题。资源减少和团队规模缩小，使得一线员工的工作更具挑战性，也不那么令人愉快。

高管和经理们明白良好的客户服务对最终结果的重要性，尤其是在这种新的现实情况下，但他们往往没有预算或时间来解决复杂的问题。他们不需要另一项月度最佳客户服务计划，这项计划会让员工翻白眼。他们需要一种工具来帮助他们快速、高效、低成本地提供可持续的变化。

《柜台边的疯子》给了他们这个工具。这本书是专门设计作为主要和辅助指南的功能。拥有一线团队的公司可以将其用作独立的培训工具，也可以作为更正式的培训计划的一部分。在拥有完善培训流程的大公司中,这本书将以一种新的声音帮助讲述客户服务的"故事"。在较小的公司中,这本书可以作为研讨会或新的客户服务培训计划的基础。

这本书是如何运作的 ⓗ

这本书中的技巧已经在商业中打磨了几十年,作者拥有一家零售企业超过8年,直接接触数百名员工,并且指导和监督一个由500多名一线员工组成的区域特许经营网络。

这本书是按主题组织的,相关的主题被组合在一起,以提供读者帮助和辅导。

这本书包括九个基本部分: ⓙ

1. 伟大的服务全在你的头脑中,为整本书奠定了基础,向一线员工展示了他们自己的思维方式阻碍他们提供服务的方式,无法提供最好的客户服务。
2. 现代顾客的心理,让员工了解到现代顾客的期望和偏好。本节帮助员工理解客户已经预先设定的各种方式,避免糟糕的经历。
3. 7个服务触发器,探索了7个自动触发器,这7个触发器负责任何客户情况的负面转折。员工被教导如何通过主动避免这些问题来解决许多常见的客户服务问题。
4. 成为一个优秀的团队成员,可以帮助员工理

黛博拉点评

ⓗ 解释这本书是如何运作的可以单独成一部分。此外,在前面的段落中有一个很好的陈述,可以放在概述的第一行是:"《柜台上的疯子》是一种为所有有一线团队的组织提供实用、有趣的培训工具。客户服务人员会觉得他们好像在和客户交换故事只有真正懂得的人才懂。"一定要让读者明白他们能学到什么。

ⓘ 作者正在描述这些技术是如何产生的,但是这些信息应该包含在"作者介绍"一节中。这里讨论的是"是什么技术?"

ⓙ 这应该被命名为"书的结构"或有自己的标题。对于这种类型的书,作者最好在书中加入参考书目。作者预料到文案的读者可能会想:这本书讲什么呢?这里给出的信息结构好,而且清晰。作者将在下文对此进行详细阐述。

解他们的行为是如何影响公司和同事的，引导员工成为一线团队中有价值的一分子。

5. 拥有服务楼层，关注日常流程与优质服务交付之间的关系。这一节不仅为员工提供了他们每天在服务区所需要的基本工具，还展示了准备和积极的努力如何能够创造积极的客户体验。

6. 沟通技巧杀手锏，讨论了为什么良好的沟通是最好的服务的核心本节采用八二法则方法进行客户沟通，通过探索大多数一线员工成功所需的语言技能，便利他们的工作。

7. 这些困难的情况会关系到一线员工每天要面对的挑战。本节教授处理困难客户问题的一般原则，并与您分享一些具体的、可操作的技术，几乎适用于所有的客户服务场合。

8. 柜台边的"疯子"们处理那些让一线员工感到震惊和筋疲力尽的罕见情况：处理疯狂的顾客。向员工展示如何处理不合理的客户、客户的威胁，以及如何正确看待这一切。

9. 你的客户服务经验，总结了整本书，重申了重要信息，并激励一线员工每天做到最好。

以上内容展示出了一本基于零售环境实际情况、易于理解的、关联的、可操作的客户服务书籍；是经理和高管在第一线创建训练有素、积极进取的团队所需要的，也是第一线员工在工作中取得成功所需要的。

作者介绍 ❹ ⓚ

亚当·托普雷克是客户体验战略家和"黏着顾客"服务解决方案的创始人,"黏着顾客"服务解决方案是一家客户体验咨询公司,客户服务通过可扩展的、有效的实际解决方案。

亚当在过去的8年里一直致力于特许经营和零售领域,是一位区域开发商和按摩水疗的特许经营商,同时也是一线欧洲蜡制品中心开发及加盟商。

亚当拥有乔治亚大学工商管理学士学位和乔治亚大学工商管理硕士学位。

作为第三代零售商和企业家,亚当明白与客户面对面意味着什么,以及客户体验在组织盈利和可持续发展中扮演的关键角色。

他的客户体验设计和培训理念可以很好地总结为他的信念:故事可以启迪,体制可以执行。

亚当把他的理念、教育和经历都建立在这个基础上,成了受人尊敬的客户体验和客户服务空间的专家。

亚当是客户体验专业人员协会的成员、全球"顾客体验"委员会的委员。

亚当也是《忠诚的客户》一书的主要作者和同名网站的创始人。"忠诚的客户"是全球最受欢迎的客户体验和客户服务资源之一。"黏着顾客"旨在提供深入为各级管理层和感兴趣的一线员工提供资源。

杰夫点评

❹ 作者介绍部分还有改进的余地。出版商首先想知道的是作者能卖出多少本。因此,作者要强化销售方面的优势。我建议作者通过对自己的网站、博客、演讲时间等进行讨论和阐述,证明自己的资质。

黛博拉点评

ⓚ 这部分写得很好,讲述了书中的技术是如何产生的。"作者介绍"部分不应该是一份简历,应该使用这个部分来说明为什么你是这本书的合适作者。然后,作者应该在权威和潜在平台中添加书中所带来的内容。这是作者的概述,所以应该就介绍作者。文案的每一部分都可以很有趣,所以如果作者有有趣的亲身经历,也可以添在这里。

客户服务和客户体验

"忠诚的客户"每周发表两篇原创文章。"黏着顾客"也经常发表由来自不同专业的作者撰写的文章。

"黏着顾客"通过多个渠道发布和共享内容，包括推特、"脸书"、谷歌+、"油管"和幻灯片分享社区。读者和有影响力的人经常在社交媒体上分享信息。

"黏着顾客"还定期记录和发布对网络"大V"和客户服务专家的视频采访，包括珍妮·沃尔特斯、理查德·夏皮罗、凯特·纳赛尔、约翰·迪尤利斯和马修·迪克森（《轻松体验》的合著者）等。

亚当的作品出现在热门博客网站上，还有和"黏着顾客"联合的"顾客思考"上，这是一个全球商业领袖的在线社区。

亚当被以下媒体采访或引用：奥兰多福克斯35号、每日新闻、奥兰多商业期刊、典型职涯、ISO及代理。

杰夫点评

❺ 本节本可以通过引用几本更相关的书籍解释本书的不同之处。这个引用扩展给相应的市场实时注入了活力，同时给了作者展示知识和本书优势的机会。

黛博拉点评

❶ 第一段有点不清楚。这本书不也是为那些可能在培训项目中使用它的高管和经理们准备的吗？可能对作者来说，最好只是列出和本书产生竞争的书籍。看完这部分后，我不太清楚本书是什么，不是什么。这部分的目的并不是要展示你的书更好，而是要展示你的书在市场上有空间。

竞争 ❺

多数客户服务书籍是为高管和经理编写的。具有特定第一线应用的客户服务书籍似乎可以分为两类：一类是着重于趣闻轶事和理论的书籍，另一类是面向技术的书籍像工作手册。 ❶

《柜台边的疯子》将这些方法融合在一起，将注意力集中在可用的、真实的客户服务技术上，以一种可读的、可关联的方式，供高管和经理用于培训项目，供一线员工阅读。这本书采用了简短的章节风格，引人注目的标题，介绍直接、真实的工作方法。

出版商可以把本书放在杰弗瑞·吉特默的著作《顾客满意一文不值，顾客忠诚无价》旁边，最是合适，后者也专注于一线客户服务，章节简短、行文有力，和创造性的格式来表达他的观点。

除了吉特默的作品外，其他三本书的竞争最为激烈：

- 《客户服务培训101：快速和简单的技术，获得伟大的结果》，由芮内·伊文森著（艾默康 2011，平装：14.93美元）。这本书着重于客户服务的基础知识，有坚实的内容，但读起来像一本工作手册。
- 《客户服务生存手册：如何化解最糟糕的客户情况》，理查德·S·加拉格尔著（艾默康 2013，平装：12.97美元）。这本书的风格和格式更接近本书，但仅限于处理棘手的客户情况。

- 《微笑：销售更多与惊人的客户服务》，科特·马内克著（固体出版社有限责任公司，2013年，平装：12.18美元）。这本书讨论客户服务和销售。

《面向客户的专业人员的最佳实践》，和本书最类似，似乎已自行出版。

客户服务图书市场拥挤而充满活力。美国企业需要一本专门为一线员工写的书，而不是其他充数的书籍。在客户服务空间，本书填补了一个不宽、但有深度的空白。 ⓜ

营销和推广 ❻

无论是零售市场还是企业市场，本书都占据着有利地位。我计划利用现有的平台作为一个积极的网络宣传活动的基础，并通过专业的公关人员进行传统的宣传。我也会继续通过演讲、工作坊和会议的方式进行企业拓展。

平台 ⓝ

我有许多朋友和同事，他们都是博客作者和出版作家了解如何创建一个多渠道的在线图书宣传方法。

杰夫点评
❻ 我会把这个部分和作者传记部分结合起来。平台描述是直接的，有强大的潜力，但没有显示任何类型的保障和记录，因为作者没有传统的出版记录可以夸耀。

黛博拉点评
ⓜ 我不会指出这本书的市场很饱和，而愿着重于这本书的优点。把其他书籍标为充数的书籍听来也很消极。我通常建议文案中指出你的书的优点而不是另一本书的缺点。从书名来看，我期待着本书向我展示最糟糕的客户服务挑战，和有效的解决方式，我想要看到故事。文案的这一部分倒让我觉得有充数的感觉。

ⓝ 我不建议将朋友和同事作为平台的一部分，这会稀释你的力量。你可以指明支持你书籍的关键影响人物。否则，这种联系就太脆弱了。博客是一个强有力的平台。

我发博客已经快三年了每月平均流量在10,000至16,000人次之间。

我也有一个强大的、专业管理的社交媒体：
- 4000个推特关注者
- 1800个"脸书"粉丝
- 1000个邮件订阅者
- 400个领英联系人

我一直通过博客、社交媒体和面对面的接触来建立关系，并建立了一个广泛的在线网络，这些联系将扩大我的平台，为高质量的图书宣传提供丰富的资源。

零售战略 ❼

零售客户将通过包括在线营销和传统宣传的混合营销活动。

零售策略将采用以下网上策略：
- 利用这个博客，通过关于这本书的进展的预告文章来引起期待和讨论。
- 利用社交媒体渠道和电子邮件列表直接进行图书推广，使用竞赛和其他参与策略。
- 用一个关键字为目标的信息图表概述要点。
- 设计一个幻灯片演示集中在书中的一个特定主题。

杰夫点评

❼ 拥有一个具体的零售销售策略是一种创新和聪明的想法，尤其是在出版商仍然依赖传统零售分销的情况下。当然，他所承诺的策略没有一种能保证结果，但作者知道需要做些什么才能得到结果。

- 制作一些"油管"视频，旨在激发对话和讨论。
- 写一些主题的客座文章，利用我现有的博客和有影响力的人脉，把他们放在目标博客上。

我正在开发一系列免费的网络研讨会来培养兴趣，而第一个基于本书的网络研讨会已经开始了。这个免费、实时的网络研讨会，专注于7个服务触发器，定于2014年1月9日举行。网络研讨会将在我的社区中为这本书预热。这样我就可以在任何启动活动之前磨练营销内容和方法。

企业战略 ❽

企业市场是图书销售的一个强大的营销机会，我将在出版前和出版后争取无数的机会向大公司销售和推广。 ❾

我将推出一个旨在帮助企业主和经理的客户体验研讨会，将作为一个平台，宣传本书，建立我的客户名单，并创造机会，为未来面向一线员工的工作坊为基础，我将于2014年第一季度推出这个工作坊，并在东南部进行推广。

同时，我也将开始争取演讲机会和搭建演讲人平台。

"忠诚的客户"2014 XYZ 客户体验的媒体

杰夫点评

❽ 如上所述，面向公司销售是明智的，这部分的重点很明显。向公司销售可以成为商业图书出版商的一个非常有利可图的渠道。虽然作者没有深入探讨细节，但已经展现出他清醒的头脑、正确的思路。

黛博拉点评

❾ 这是一份关于潜在特殊销售的有力声明。代理或编辑可以用数字来理解这一点。这是一个优势。

赞助商——圣地亚哥会议，为高质量、高票价的活动而设计的财富500强企业的高管——潜在的完美目标读者，适于批量销售。

作为这次媒体赞助的回报，我将出现在XYZ网站、会议计划以及发给与会者的电子邮件中。我也会在向与会者提交白皮书或类似的文件中，夹一份宣传单。

这些活动将为品牌建设、市场营销提供不可思议的机遇，可以举办工作坊，为本书造势。

本书简介 ❾

我相信我已经开发了一份客户体验专家和网络影响者的名单愿意为本书写书评，大部分是同事，一些是朋友。

因为手稿不完整，我还没有接触过这些人；然而，我可以给出一个客观的评估，以下收到各人书评的可能性。

极有可能
有可能

个人承诺 ❿

我会努力出版和营销这本书。我相信，只要把这本书交到一线员工手中，企业就能取得成功。

我的信念和承诺都被证实了。过去三年中，我一直在构建自己的平台，每周至少写一次博客。

杰夫点评

❾ 宣传语可以为销售增添重要的活力，所以明智的做法是明确地在文案中说明，通过说出你要联系的人的名字，尽可能多地获得有效的宣传语。简单地说出你要联系的人的名字并不会束缚你或他们。在实际文案中列出了许多名字，但应发件人的要求我们删除了。

❿ 我从未在文案中看到过明确的"个人承诺"部分，因为一般被看作是不证自明的事实。但我挺喜欢这部分的，因为这是一种原始的策略，反映了一种正向的谦逊，也意味着作者知道这本书的成功得靠自己。

我愿意为这本书的成功投资，这已经体现在我对史蒂夫·哈里森出版和宣传工作室的投资以及我的承诺上。

我愿意出差参加图书活动和签售活动，积极寻求采访机会，这意味着在一段时间内，通过有针对性的推介，不懈地寻找媒体机会，利用每一次成功的媒体曝光机会进行创作，我也愿意投资资金给专业的公关人员。

有了正确的销售机制，我就能实现销售。

大纲 ⑪

初稿大约完成了30%，其中很多章节要么是初稿，要么是大纲，而在写的过程中会发生变化，最终稿件的结构和内容以大纲为准。

黑体字的章节是本文案中包含的样章，展示各个章节如何融入书的整体结构。

介绍
- ▶ 顾客真的疯了吗？
- ▶ 英雄职业客户服务问题
- ▶ 开始之前

杰夫点评
⑪ 尽管篇幅不长，但这个大纲很有效，把每一章都编成小片段，阐明了一个唾手可得的想法。作者在部分手稿中提供了几个完整的章节，因此不需要更详细的大纲了。

第一部分　伟大的服务都是在你的脑海中

- ▶ 客户服务不是双向的
- ▶ 你如何看待你的客户？
- ▶ 视投诉为礼物
- ▶ 你知道你的心理规则吗？
- ▶ 骄傲，然后吞下你的骄傲
- ▶ 你是否在头脑中租用了客户的空间？
- ▶ 确实，你的态度决定了你的高度

第二部分　现代客户的头脑

- ▶ 顾客的心理规则
- ▶ 每个人都很匆忙，每个人都有压力
- ▶ 你不知道你客户的故事
- ▶ 先寻求理解
- ▶ 每个人都焦头烂额过

第三部分　7个服务触发点

- ▶ 服务触发点1：被忽略
- ▶ 服务触发点2：被放弃
- ▶ 服务触发点3：麻烦不断
- ▶ 服务触发点4：面临无能
- ▶ 服务触发点5：正在洗牌
- ▶ 服务触发点6：无能为力
- ▶ 服务触发点7：不受尊重
- ▶ 穿上保险：设身处地为顾客着想

第四部分　一个伟大的队友

- ▶ 这是表演时间
- ▶ ABP
- ▶ 站起来，别弯腰
- ▶ 开放的转变
- ▶ 最后的转变
- ▶ 文档很重要的5个原因
- ▶ 文档快速还是糟糕，由您选择
- ▶ 什么时候帮助与客户有矛盾的同事
- ▶ 当你的经理说不

第五部分　服务层

- ▶ 第一印象
- ▶ 10和5规则
- ▶ 你今天好吗？
- ▶ 我只是随便看看
- ▶ 记住一件事
- ▶ 不要妄加判断，以免错失良机
- ▶ 不要做直升机的代言人
- ▶ 总是为你的响应时间争取支持
- ▶ 成为客户的私人侦探
- ▶ 永远不要和客户说客户的坏话
- ▶ 有时候哇（惊叹）只需要5秒

第六部分　杀手的沟通技巧

- ▶ 甜美的声音
- ▶ 谢谢您，女士（先生）

- 在电话里微笑
- 7种在手机上表现出色的方法
- 你不是在给朋友发短信：电子邮件的艺术
- 眼睛有沟通
- 你的肢体语言表达的是正确的吗？
- 全心全意地关注你的客户
- 问问题
- 联系，但要真实
- 想帮助你的客户？闭嘴
- 如何在不拒绝的情况下对客户说不
- "这是我们的政策"不是理由
- 11个你必须使用的力量词汇
- 你必须知道13个客户服务用语
- 说人话
- 支点的艺术

第七部分　那些困难的局面

- 赢得争论，失去客户
- 让他们自己打出去
- 处理细节问题
- 专注于你能做的事，而不是你不能做的事
- 使用能创造路径而不是死胡同的语言
- 如何既坚定又不显得坚定
- 保证责任
- 如何传递客户
- 何时制定法律

第八部分　疯子柜台

- ▶ 我没有对付手榴弹的灵丹妙药
- ▶ 谁是疯子?
- ▶ 所有客户服务中"例外"泛滥
- ▶ 帕特里克·斯威兹对愤怒顾客的建议
- ▶ 如何处理客户威胁
- ▶ 当一个疯子有观众的时候
- ▶ 抖掉身上的土

第九部分　客户服务经验

- ▶ 良好的客户体验并不能拯救你
- ▶ 成为解决方案的一部分,而不是问题的一部分
- ▶ 这对你和客户来说都是很好的体验

图书策划案 4

《**不论你自愿还是被迫，如何塑造自己？经营企业所需要的一切都是平淡无奇的吗？**》❶ⓐ

史蒂夫·莱文森　克里斯·库珀

杰夫点评
❶ 这个标题吸引了我，似乎正是出自我内心的声音。教我如何不注意？

黛博拉点评
ⓐ 这个标题挺长，但我喜欢它，对出版商来说挺新鲜。企业家尤其富有创造力，不为有条不紊的细节所迷惑。文案从一开始就把我吸引住了。

杰夫点评

❷ 我一般会建议图书策划案要有编页码的目录。方便编辑阅读的手段对你都有好处。

❸ 按从1到10的评分标准,我给这篇概述打10分。为什么?

黛博拉点评

ⓑ 我非常喜欢第一行文字,很聪明,重要的是,捕获了本书的本质:以一种娱乐的方式呈现内容。

内容 ❷

概述	3
市场	4
竞争	5
作者	7
推广	8
规范和交付	9
章节列表	10
各章梗概	11
样章	14

概述 ❸ ⓑ

如果你自己做生意,你可能有很多事情要做。不幸的是,大部分事情做起来都不太愉快。经营一家企业需要的不仅仅是做你渴望做的事情,还需要做一些你不喜欢做的事情。你可能真的打算去做那些对你的事业没有意义的事情,但你真的去做了吗?如果你不,就是在消磨你的商业潜力,甚至可能导致生意失败。

这本书的目的是教小企业主如何把自己不断变换的想法付诸行动,这样他们就可以实现更大的商业成功。

- 向读者展示坚持到底对商业成功的重要性
- 解释为什么人类思维误解善意和企业主错误思考自己的善意会必然造成失败
- 向读者介绍一种展示自己良好意图的新方法
- 教读者简单但强大的原则和策略,可以立即开始使用

这将是一本非常简明、容易阅读的指南书,利用个体经营者的经验。经营者每天都面临着不喜欢做的业务琐事。这本书尊重读者的现实,承诺不让经营变成一件苦差事。本书的短篇幅和设计会立即告诉读者,"我们会让你很容易地解决一个大问题。" ⓒ

市场 ❹ ⓓ

这本书的主要读者是个体经营者,仅在美国就有2000多万家独资企业,潜在市场相当大。

我们相信,这本书会特别吸引亲力亲为的企业主,他们必须扮演多种角色,又缺乏正式的工作机制,能驱使他们做许多单调乏味的事情,使他们的企业尽可能成功。这些人包括全职或兼职在家经营企业的人、独立的专业人士,以及那些正在考虑或准备有朝一日创业的人。二级市场可能是创业者和其他非自营职业者,但作为雇员享

杰夫点评
❹ 这很好,足够好了。可以更好吗?可以,作者把自己局限在一个框架,说个体经营是这本书唯一的细分市场,没必要。当然,他们确实是主要的客户,但不一定只有自己创业才会碰到要做你不愿做的事情。作者可以很容易拓展市场,把所有职场人士都包括进来,甚至还能包括那些没有工作的人。

黛博拉点评
ⓒ 这部分很适合展示书名和书的目标,而不是书将做什么。最好不要把书的内容局限于个体经营;有一些高层管理人员中也面临着同样的问题。虽然这是个体经营者是主要市场,但并不是本书的唯一市场。
ⓓ 在描述市场的部分,我建议作者加入他们为什么知道这些事情。他们从哪里获取信息?文案的每一部分都是说服读者的机会。即便作者把学位列在封面上,然而,在商业世界中,最好支持与主题直接相关的资质。

有高度自主权的人。

我们教读者面临完成挑战的概念、原则和策略，针对个体，因为他们特别容易遇到问题，他们需要学习如何做得更好。

我们认识和共事过的许多企业主都能很容易地理解这本书承诺要解决的问题。尽管他们都雄心勃勃，而且乐观，但他们倾向于避免困扰，忽视做单调乏味的事情，即便他们知道他们应该做，来实现他们的商业目标。

杰夫点评

❺ 竞争部分相对而言不很重要，但却是必需的。如果写得好，对作者来说是一个机会，可以展示他们对所在领域的了解，同时让别人觉得他们与众不同。不过作者在此有几个潜在问题：应该引用或列出更多的书名，那些过时的、不出名的或不成功的书。在第一段中，作者声称这本书鲜有同类型书籍。然而，我认为他们对相似的定义太狭隘了。有很多关于克服拖延症和缺乏动力等的书籍，这类自助书籍都在本书的市场范围内。

竞争 ❺

很多书承诺说会帮助商业人士变得更有效率，然而，没有一本书告诉我们，个体经营者会因为不想做应做的事而消磨掉成功的机会。更重要的是，这些书中没有一本承诺会教授针对这种情况的解决方案——根据人类的思维方式，你本质上必须欺骗自己，才能坚持到底。

相关的畅销书有：

《吃掉那只青蛙：21个停止拖延的好方法，在更短的时间内完成了更多》

布莱恩·特雷西

平装：128页

出版社：贝尔特·科勒出版商；第二版（2007年1月1日）

语言：英语

ISBN-10:978-1-5767542-2-7

ISBN-13:978-1-5767542-2-1

这本128页的书卖出了近50多万册，教读者有效的个人时间管理。

《把事情完成》

大卫·艾伦

平装：288页

出版社：企鹅出版社；第一版（2002年12月31日）

语言：英语

ISBN-10:978-0-1420002-8-0

ISBN-13:978-0-1420002-8-1

这本非常受欢迎的书承诺教读者如何获得有助于提高生产力的清晰的头脑和有组织的想法。

《18分钟：找到你的注意力，控制分心，然后做正确的事情》

彼得·布雷格曼

平装：288页

出版社：业务+；重印版（2012年9月11日）

语言：英语

无ISBN

《后续因素：从怀疑到完成》

海登

平装：256页

出版社：麦克勒兰德和斯图尔特，（2010年12月28日）

语言：英语

ISBN－10：978－0－7710381－7－8

ISBN－13：978－0－7710381－7－4

这本书承诺要教导读者如何设定优先次序和做出承诺。但它所宣扬的似乎比它实际教导的要多。

作者 ⓕ ⑥

两位作者都精通这本书的主题。

史蒂夫·莱文森博士是一名注册临床心理学家，专门帮助人们实现自己的良好愿望。作为国际公认的意志力专家，他提出了一个突破性的理论，解释了为什么即使是最积极的人往往也无法坚持自己的良好意愿。他是《坚持到底：完成

黛博拉点评

ⓔ 我个人的偏好是不要为了支持自己的观点而批评其他的书。竞争或比较的部分是为了表明你的书属于哪个类别，且有市场。如果你想以积极的方式让自己脱颖而出，你可以这样说："我们的书不仅仅是提供……明确的声明。

ⓕ 作者有令人印象深刻的相关资质。第一作者开发了突破性的理论。第二作者则是该理论的鲜明案例。为了润饰这份文案，我建议将其纳入概述，然后在"作者介绍"一节中重复这部分内容。在阅读文案时，请记住代理和编辑会问的问题：这些作者是谁？我们为什么要听他们的？利用你所拥有的一切来提高你的可信度。

杰夫点评

⑥ 我不反对这一节的出现方式。

你开始做的任何事情的革命性新模式》一书的主要作者，与匹克绩效商业顾问皮特·格莱德合著，1998年由肯辛顿图书公司出版。第二版由无限出版社出版有限责任公司于2007年出版，仍在加印（ISBN-10：1588321797 ISBN-13：978-1588321794），继续获得业务专家的称赞，成为像西北互助保险公司高管"必读"的书籍。

莱文森也是MotivAider，一种电子装置的发明者，该装置帮助用户进行更改自己的行为和习惯；行为动力学的创始人之一兼总裁，开发、生产和分销MotivAider装置，用户遍及五十多个国家。

更多关于莱文森和"坚持到底"主题的工作的信息，请访问http://habitchange.com/levinson.pdf。

克里斯·库珀是一名执行导师和教练、推动者/培训师、顾问和主题演讲者，他亲自使用并受益于本书揭示的原则和策略。库珀的公司总部设在英国，为企业家和商界领袖们制作并主持了一场可能是全世界收听次数最多的网络广播节目，《超越，实现更多：创业精神的灵感》，每月有50多个国家访问超过10万次。

库珀是英国专业演讲协会的地区主席，也是媒体的定期撰稿人，是一位真正的企业家，从兰克施乐公司、联合饼干公司、玛氏和彭趣公司等公司的高管职位起步，创办并发展了自己现在蒸蒸日上的业务，专注于人才开发和业务提升。

关于库珀的更多信息，请访问：http://bemoreachievemore.com/aboutchris-cooper.aspx。

推广 ❼ ❾

史蒂夫·莱文森和克里斯·库珀已经做好了宣传这本书的准备。

莱文森

莱文森博士写文章、做访谈、做报告，用一种令人信服的、脚踏实地的方式，说明为什么即使是最积极的人往往在后续工作中也做得很糟糕。

他的公司网站http://habitchange.com有一整版专门介绍如何坚持到底，吸引了很多商界人士和其他迫切想要学习如何将自己的想法付诸行动的人。

杰夫点评

❼ 这部分内容非常薄弱，反映出作者不知道出版商对他们这些作者有什么要求。幸运的是，作者对自我推销有许多想法，所以，这些内容可以作为一个起始点。

黛博拉点评

❾ 当文案中包含"推广"部分时，作者希望确保代理或编辑看到潜在的销售数字。最好可以在此重申通过合著者的广播节目进行直接宣传。有时一份文案会分给不同编辑阅读，因此，可以在两个不同的地方写上"推广"，容易被编辑注意到。此外，前言在这里有额外意义，因为前言可以转化为现实的销售数字。最好指出他们如何获得前言，以及他们如何与写前言的人相联系。

库珀

库珀是一个天生的社交高手,在商界有很多知名的人脉。除了直接向主要由企业主组成的庞大听众群宣传这本书,他还可能接触到100多位知名商业专家的网络,这些专家已经成为他节目的嘉宾。

进一步宣传帮助

伊万·米斯纳博士暂时同意写一篇前言。米斯纳是全球最大的商业网络组织国际商业网络的创始人和主席。国际商业网络拥有15多万名会员,去年的业务推荐超过700万份。米斯纳的完整简历可以在http://ivanmisner.com/bio/找到。

规范和交付 ❽

规范

我们设想出一本视觉上吸引人的书,能凭借短篇幅和设计向潜在读者传达这类讯息:这将是一本容易阅读的书。我们估计有150页,其中包括6–12页简单的黑白卡通画,充分利用了读者的体验,呼应并强化了本书的要点(如下面的例子)、标注、引言和建议读者练习(所有这些都有待处理)。同样,我们认为,比起增添文本,减少文本将向目标读者发送正确的信息。

杰夫点评

❽ 对作者来说,公开他们对这本书的看法很重要,因为它偏离了人们通常认为的标准。你可能想要考虑你有多灵活;一本书离标准实践越远,被拒绝的可能性就越大。另一方面,提出一种不同寻常的格式可能正是医生所要求的,特别是在主题极其杂乱,又堆满了外观相似的书籍的情况。

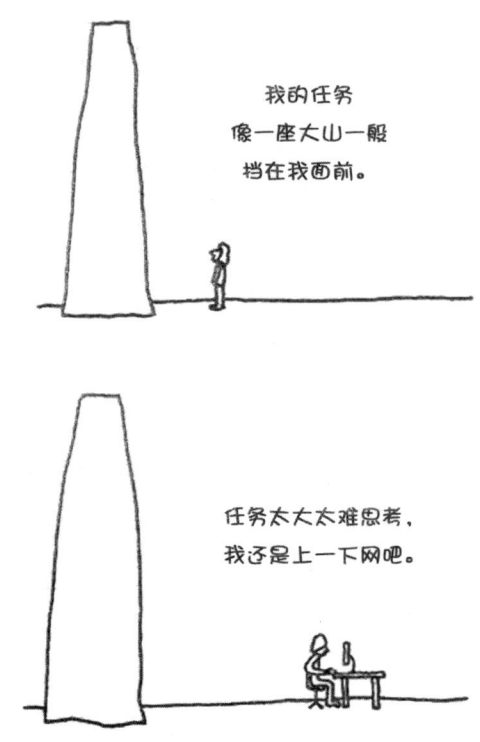

杰夫点评

❾ 在文案中声明这些信息并不必需,但确实可以提及。因为这是任何感兴趣的出版商都会问的问题,假设你已经有了答案,那么有理由在文案中做出说明。如果文案中的书在长度、格式、图形等方面不符合平均参数,您需要在一开始就清楚地说明您的期望是什么。

交付 ❾

引言的初稿和全部16章已经写好了。在60天内,我们可以对书稿进行改进,确定标注和引用,准备建议的练习,并确定现有的卡通或为简单的定制卡通制定规范。

文案的内容 ⑩ ⓗ

前言
介绍

第一部分：为什么要贯彻到底

第一章：执行力差会扼杀死你的事业
第二章：特殊贯彻的好处

第二部分：为什么我们无法贯彻到底

第三章：为什么个体经营者需要帮助
第四章：不是你的错！看看无法贯彻到底的根源

第三部分：如何思考和对待你的意愿

第五章：认真对待你的意愿
第六章：新闻简讯：意愿是不会自行完成的！

第四部分：贯彻的三个关键原则

第七章：原则1：专注于你的意愿
第八章：原则2：没必要依赖意志力
第九章：原则3：觉得必须贯彻到底

第五部分：贯彻策略

第十章：让自己陷入困境

杰夫点评

⑩ 这个部分是多余的，因为随后的大纲页面又将其逐字重复了一次。

黛博拉点评

ⓗ 这是一个非常清晰和经过深思熟虑的目录，可以让人想象出这本书的全貌，太棒了！

第十一章：战胜诱惑

第十二章：创建"意愿唤醒"暗示

第十三章：解读可怕的任务

第十四章：不要犹豫是否付费

第六部分：如何继续贯彻

第十五章：掌握你的意愿

第十六章：永远不要期待自动完成

杰夫点评

⓫ 这篇大纲很出色，因为每章都附上了适当的说明。因为有长篇幅的手稿，大纲可以相对简短。

黛博拉点评

ⓘ 虽然有时你可以使用书中的实际材料，这份大纲仍然很好地描述了书中章节。

章节梗概 ⓫ ⓘ

介绍

首先，我们要明确这本书的目的：教会读者如何提高能力，以便实现更大的商业成功。然后，我们告诉读者："这本书不是那种让人感觉良好、心花怒放的书。"

第一章：执行力差会扼杀你的事业

在这一章中，我们首先将"执行力差"定义为"没有真正去做你已经决定你可以做的事情，总结你应该做的事情，并决定你要做的事情，来让你的生意尽可能的成功。"然后，我们向读者展示，他们如何在完成应该做的枯燥而艰巨的任务时，没有始终如一地贯彻到底，从而威胁自己的事业。

第二章：特殊贯彻的好处

在这一章中，我们将向读者展示如何将他们的良好意愿持续转化为行动的能力，有助于非凡的商业成功。我们把卓越的贯彻行动描述为成功过程中，即在决策和行动之间不浪费无用的内容。

第三章：为什么个体经营者需要帮助

在这一章，我们解释为什么个体经营者尤其容易出现贯彻问题，尽管，或者在某种程度上，因为野心。具有讽刺意味的是，我们向读者展示了，员工讨厌的那种相对缺乏"贯彻"的机制，让个体经营者的工作更艰难。

第四章：不是你的错！看看无法贯彻到底的根源

在这重要的一章里，我们给读者带来些好消息：不能贯彻到底不完全是他们的错！根本原因是人们无法很好地处理意愿。我们认为，认识到这一事实是学习如何贯彻到底的重要一步。

第五章：认真对待你的意愿

在这一章中，我们将向读者展示如何通过更认真地对待他们的意愿，使他们的意愿更有效。我们教他们如何接受有益的良好意愿，以及如何让行为与意愿一致。

第六章：新闻简讯：意愿是不会自行完成的！

在这一章中，我们敦促读者抛开这种可悲的错误信念，即真正的意愿会自动实现。我们用闹钟作为一个模型来说明为什么读者必须确保他们的行为符合他们的意愿。

第七章：原则1：专注于你的意愿

在这一章中，我们告诉读者，意愿只有在头脑处于最重要的位置时才会有效，不幸的是，意愿不会停留在那里。因此，读者必须找到方法，使他们的注意力集中在他们的良好意愿。

第八章：原则2：没必要依赖意志力

在这一章中，我们告诉读者，主要依靠意志力来完成艰巨的任务是愚蠢和没有必要的。相反，我们鼓励读者利用自己的意志力和其他各种资源来完成繁重的任务。

第九章：原则3：觉得必须贯彻到底

在这一章中，我们告诉读者，贯彻到底的关键是让你觉得贯彻到底是必要的。

第十章：让自己陷入困境

在这本书最长的一章中，我们使用了大量的

例子来说明读者可以使用的各种技巧来推动、刺激和强迫自己去做他们知道应该做的事情。

第十一章：战胜诱惑

在这一章中，我们告诉读者，对付诱惑的最聪明的方法是创造一些环境，使他们在实际做他们受诱惑的事情时尽可能地困难。

第十二章：创建"意愿唤醒"暗示

在这一章中，我们教读者如何创造和使用线索或提示，使他们的意愿（和支持他们的动机）处于首要位置，这样意愿才能有效。

第十三章：解读可怕的任务

在这一章中，我们教读者如何处理重要但不愉快的业务杂务，首先剥离杂务的中不愉快的元素，并只做剩下的部分。

第十四章：不要犹豫是否付费

在这一章中，我们敦促读者不要忽视为一项服务付费的可能性，这项服务让他们觉得有责任贯彻到底。

第十五章：掌握你的意愿

在这一章中，我们将向读者展示如何建立一

个简单的系统来跟踪他们的意愿以及在实现这些意愿时的进展。

第十六章：永远不要期待自动完成

在最后一章中，我们强调了这样一个观点，即贯彻到底必须始终是一个经过深思熟虑的手动过程，而不是读者可以期望自动完成的过程。这一章以一份新的开明信念清单结束，清单上列出了真正需要遵循的信念。

图书策划案 5

《创伤工具包：从灵魂深处治愈》 ⓐ

苏珊·皮斯·巴尼特尼特

概念陈述 ⓑ

即使是最能适应环境的人，也难免遇到困难和难以应对的事，应对技巧可能会不奏效。突然之间，我们很难清晰地思考或有效地行动，感觉不可能得到我们需要的帮助。在本书中，创伤专家苏珊·皮斯·巴尼特带来立即有效的解毒剂，应对极端压力和身心创伤反应。随着压力事件的增加：房屋止赎、企业倒闭、无法获得医疗保健、儿童虐待的显著增加，以及空前数量的士兵带着严重的心理创伤回家，本书是及时雨，填补了日益增长的需求。作者从她35年的多样化的培训，作为哈佛大学训练的精神病社会工作者、瑜伽老师、终身替代治疗的学生，作者制定最新的整体指导，治疗难以应对的不利压力，让人们快速、安全地回到他们的正常生活。作者揭开了另类与主流、东方与西方、传统与现代治疗的神秘面纱，用逻辑和常识呈现出来。对于那些情感独立的读者，她提供了一步一步地情感急救技巧，

黛博拉点评
ⓐ 书名很棒。
ⓑ 我们不用"概念陈述"当标题，不过这也是个人选择。这些信息可以放在概述里，但这篇概述很长，需要分段、标出要点。文案的每一句都很重要。如果你想突出书的某些方面，要确保你的要点不会淹没在其他信息中。记住：版权代理和编辑阅读量很大，常常略读。你要确保他们读到你想要他们读到的内容。

杰夫点评

❶ 概述再简短一些更好。

❷ 第二句话是一个强有力的开场白。

黛博拉点评

❸ 这句话措辞更主动的话会更有力,如:哲学本身在治愈受创伤的个体方面,比其他任何干预都更有效。

❹ 这段话有点空洞。即使书中使用了灵魂这个词,这也不是一本自助书,并非没有具体的结论。但不幸却留给人空洞的印象。这部分是作者定义核心概念的地方,所以过多的重复稀释了核心的重要性。表达可以更权威一些,比如,"一个人的意识有好几层"。如果作者使用一些更明确的心理学术语,这本书就更有机会接触到更广泛的读者。另一种选择是明确定义"存在"的含义。这个词在这里用了好几次,用了不同的说法。作者是创伤方面的专家,有社工工作经历,使用不明确的术语会淡化作者的专业性。

这些技巧可以在家里或办公室的私密空间中安全使用。本书除了是独特的、一站式的普通读者的治疗指南,也将给创伤治疗的从业人员提供必不可少的咨询和指南。

概述 ❶

做了20年的心理医生后,我惊讶地发现一件事: ❸

对受创伤的个体来说,有种干预比其他任何干预都更有效。 ❷

在一个人的存在的核心是不可侵犯的整体。大多数人都经历过创伤,打击他们最深的自我意识,粉碎了心灵和身体的各个层面,给人一种不可挽回的破碎感。当病人渴望回到过去的生活时,悲伤压倒一切。

本书点亮了人的不同层面,一直到核心层面。创伤被定义为不仅仅是单一的恐怖事件或一系列事件,个体的自我存在意识被巨大的压力和事件带来的痛苦吞噬。当人们能够理解这些层次的时候,他们开始理解形成他们存在的核心力量之美丽,这是所有疗愈之源,然后他们也可以选择这个核心的治疗工具。 ❹

为写这本书,我采访自然疗法医生,在书中我选择了三个纽约市的医生,因为他们在"9·11"恐怖袭击中与受害者和救援人员一起工作。

在他们和我分享了他们的观点之后,他们都分别做了同样的补充。

他们每个人都指出,在"9·11"之前,他们的大部分工作内容涉及纽约市的人群,这些人长期生活在极端的压力下,他们的身体和精神功能都崩溃了。这些人中的许多人还没有经历过极其可怕的事件,但他们的身心仍然表现出创伤后应激障碍的症状。他们一致认为:难以负荷、不可控制的压力是我们这个时代之人的通病。 ⓔ

在这些采访之后的一年里,每周都有大量的新闻报道充斥在电视广播中,报道我们归国军人中极端创伤后应激障碍的流行情况。《时代》杂志在胡德堡枪击案中提出了一个有争议的问题:他是恐怖分子,还是一名精神科士兵?不久之后,海地发生了内战,摧毁了一个民族,并在全国范围内造成了创伤后应激障碍,这一问题才刚刚开始得到解决。

2009年12月,我参加了8月的心理治疗演变会议。世界上最著名的老师和演讲家对7000多名与会者发表了演讲,科尔克和杰克·科恩菲尔德也在其中。他们一致呼吁建立多维治疗模型和模式,以解决人类今天面临的非常严重的问题。杰克·科恩菲尔德明确而又有点同步地说:"我们需要一个创伤工具箱。" ⓕ

我拥有这样的工具包,我一直在收集工具,从30多年的服务中:从自闭症儿童到确诊为乳腺

黛博拉点评

ⓔ 在描述本书时,这句话应该是:"为了这本书,我采访了(不管有多少)自然疗法医生。"我的第一个问题是她是否采访过任何对抗疗法(西医),结果是否一致。这份文案很有效,但还能组织得更好,现在看着有些像意识流。

ⓕ 我不认为这段话有多好,但放在这里也行,呈现写书的灵感。我认为,作者引用这些杰出人物,削弱了自己的权威和材料的年代。作家应该希望成为一个杰出人物,除非这些人中有人推荐你的书,否则你不需要提及他们或会议。这表明这不是作者最初的想法,而是对听到的某事的回应。

癌的女性；从纽约街头的未成年性奴到早期丧失行为能力的成年人童年的虐待。创伤在我的工作中扮演了核心角色。我的工作涉及儿童保护服务，这让我意识到，由于未确诊的创伤性压力和疾病，这个国家的成年人承受着巨大的痛苦。在与我的心脏病专家丈夫合作的过程中，我们发现有不少心脏病患者有过创伤史，反之也成立。当前研究确认了创伤后应激障碍和心脏病之间的联系。令人难过的是，拯救病患生命的治疗常常最后给病患留下了创伤。 ⓖ

这个工具箱的美丽和独特之处在于它的多样性和广泛的适用性。不是所有人都能请得起治疗师，但他们应该知道该如何选择，知道治疗过程能解决哪些、哪些不能解决。并非所有的医疗保险都包括自然疗法医生、针灸师或脊椎指压治疗师，但人们每年都能找到一种方法，花费数十亿美元来接触这些重要的从业者。 ⓗ

然后是千篇一律的模式。几乎人人都要在室外的花盆里种些薰衣草，找到一条狗遛遛，树下坐着冥想，写日记，或在药店买些浴盐，可以学习心智训练和呼吸练习来调节身体。这些东西就像我们呼吸的空气一样，免费。

人们只要知道他们需要什么工具，并得到一些指导，就可以减轻他以及周围人的痛苦。 ⓘ

以下是创伤工具箱中为读者提供的一些工具：
- 建立急救箱的技能，以应对任何创伤事件

黛博拉点评

ⓖ 这个段落信息量过大。如果这段要讲救活病患的治疗手段如何给病患留下创伤，那第一句话可以是：令人难过的是，拯救病患生命的治疗常常最后给病患留下了创伤。最好每一小节只含有一条重要信息，或者使用列表来展示许多类型的创伤。文案应该要简单易读，结构完善，符合逻辑。

ⓗ 我觉得这份文案条理不清，与实际的书不符。正如你将在样章中看到的，这本书提供了很多东西，很有效，现在依然有效。写文案时，不要让你的信息显得难以下咽或混乱不清。

ⓘ 这里应该有独立的标题，与文案的其余部分分开。很明显，这是关键信息。代理或编辑首先会问的问题就是：这本书是什么？

- 深入了解身心压力产生的原因
- 尽早处理压力的动机
- 免费自助治疗和资源
- 专业人士的健康知识
- 有能力为有效的干预做出正确决定
- 增强对重大事件的应变能力

　　这本书以公共政策、公共卫生问题以及对新治疗模式的需求为结尾。积极和消极的激励（胡萝卜和大棒），这两种不同的治疗模式都在本书中呈现给了读者，无论是与这些问题斗争的人和治疗这些问题的人。

　　如果创伤是我们这个时代的疾病，那么从单独、局部的或全球的创伤中痊愈，就能真正为人类的美好未来铺平了道路。

　　本书理解、同情，并为那些遭受黑暗折磨的人们提供的工具和资源。

　　本书是我们这个时代的独特指南，许多人会觉得有用，甚至能拯救他们的生命。 ❸ ⓙ

作者介绍　　❹　ⓚ

　　苏珊·皮斯·班尼特是哈佛大学心理治疗师，在公共服务行业工作了35年，做了20年的心理治疗师。通过瑜伽、冥想、舞蹈和萨满教的训

杰夫点评

❸ 这篇概述中没有什么大问题，就是篇幅大约是正常的两倍，其中一些信息应该放到其他部分，比如，为什么人们需要这本书，以及谁会购买这本书。

❹ 在"作者介绍"的开头加上一句"作者经受过哈佛培养"总是很好的。警告：必须是真的，否则不要这么说。这一节的其余部分没有问题。

黛博拉点评

ⓙ 如果这位作者可以重写一遍，我建议写一个更简短、更简明、更详细的概述。这篇有太多东西需要消化。作者需要减少代理或编辑的工作量，帮助他们决策，作者需要快速简洁地向他们展示他们需要知道的东西，不要发表无关评论。他们想看你的写作风格，但文案也是招商说明，是一个商业计划，要抓住要点、讲清楚。

ⓚ 作者本可以缩短概述的篇幅和内容，从她是哈佛大学培训的精神治疗师的资质开始。这类事实在概述中是相关的，因为能立即建立了作者写书的权威性。相反，作者在这里写了出席该领域其他人的会议，浪费了好机会。文

> 案的每个词都很重要，要写对作者有价值的内容，代理和编辑的注意力是有限的。

练，她走上了一条不同寻常的道路。

苏珊经常选择与她所在领域中最困难的人群合作，包括自闭症、虐待儿童和极度受创伤的人。多年来，她的工作环境包括：精神病院、门诊、医院、诊所和儿童虐待预防和反应中心。她的大部分广泛培训是在马萨诸塞州的波士顿进行的，在分析师、知名社会工作者和哈佛大学附属教授的高度训练下进行的。

写作是精神动力临床工作的重要组成部分。病例报告、详细的生物心理社会评估、过程记录（会议的逐字记录）。

贯穿于她的整个职业生涯，每小时记一次笔记、写一本手册都练就了她的技能。出版写作作品对苏珊来说是一个全新的尝试，她乐于迎接这个挑战。然而，写作本身就是需要练习的，她的写作一直得到高度好评。

最近，苏珊在当地全国社会工作协会分会时事通讯上发表了一篇文章，探讨心理创伤与乳糜泻之间的联系。去年11月，她在俄勒冈州发表了专栏文章，探讨警察暴行和心理健康。苏珊最近建立了网站和博客：www.InsightOutHealing.com；加入了威拉米特河作家团体网络，与其他作家切磋。

作者与她的心脏病专家丈夫、一对13岁的双胞胎女儿、4只狗、2只猫和4匹马一起在俄勒冈州的波特兰健康生活。她经常想：她为什么还住在城市里。心理治疗方面的工作给她带来极大的满足感，但为了继续写作，她暂时放下了心理治疗的工作。

在她写非虚构类书的过程中发生了一件有趣的事。苏珊开始写青少年小说，一个现代的"瑞士家庭鲁滨逊"，故事发生在黄石公园，一家人被困在房车里。苏珊之后想写的题材还包括一本关于成长在反社会的父母身边的孩子的书，以及一本以她的精神生活为基础的回忆录。苏珊乐于看到自己余生都以写作为乐。

目标市场介绍 ⓘ

创伤后应激障碍（创伤后应激障碍）是一种非常普遍和有害的疾病，只有少数人获得治疗。

早期和积极的治疗创伤后应激障碍患者可以帮助降低这种疾病的巨大社会成本。（《临床精神病学杂志2000》） ⓜ

当我们谈论谁患有创伤后应激障碍时，数字很大。当我们说谁经历过那数字是巨大的，遍布全球。所有这些人都可能是本书的读者。

根据最新的研究，12%的美国人一生中至少会经历一次创伤后应激障碍。他们平均会有3次创

黛博拉点评

ⓘ 这个文案写作年代并没有那么久远，所以相对来说，它采用的数据有些过时了。应该引用更新的数据，或者作者可以简单地引用一些根本不会过时的内容。希望自己的书"常青"，就要求强大的后续潜力，因此，避免那些会立刻显示书籍年代的内容。

ⓜ 本书的市场焦点可以更有针对性，关注那些对传统疗法免疫的人。本书的卖点是作者是哈佛训练有素的心理治疗师，且拥有别人没有的技能。虽然数据可能不易统计，但轶事式的陈述，表明传统治疗对一些人无效，也可以。这些内容应该作者手头就有。始终把你的书的直接读者看作你的目标市场，他们最能从你的书中获益。

伤后应激障碍发作，平均持续3－5年，取决于是否接受治疗。美国人一生中平均会遭受9－15年的极端压力，大多数被诊断出的病例是女性，而寻求治疗和资源（包括书籍）的大多数人也是女性。

并不是所有暴露在极度紧张的事件中的人最后都发展成全面的创伤后应激障碍，但是他们承受着与这些事件相关的压力，也在寻找治愈的资源。人群中会遭受足以导致创伤后应激障碍的创伤应激源的概率高达90%！是的，大约90%的美国人在一生中都会经历一次创伤性事件；大多数人不会只经历一次，平均要接触到4.8次终生创伤。谁会遭受终生创伤？我们把这些人群稍微分解一下。

我们已经和伊拉克交战8年了。奥巴马总统刚刚宣布，12月向阿富汗大幅增兵。

2009年至今，已有180万士兵在伊拉克和阿富汗服役。兰德公司估计，这些士兵中有整整三分之一正带着创伤后应激障碍回国，一些专业人士认为这个数字偏低。这些士兵中有很多人的家庭成员很容易受到替代性创伤的伤害——这种创伤发生在与创伤后应激障碍患者近距离接触的情况下——战争本身会导致创伤后应激障碍病例增加一倍或两倍。因为这些士兵都很年轻，我们可以预期症状会随着时间的推移而显现和恶化，而无需治疗或干预。目前，70%需要帮助的退伍军人不会向军队寻求帮助。

很难知道有多少士兵会去买一本关于治愈压

力的书。 n

最近，在我飞往一个国际创伤会议的途中，我坐在一个去军官学校训练的年轻人边。在不知道我是作者的情况下，他弯下腰开始阅读我的脊椎指压治疗章节。他对这些信息，以及这些信息如何帮助他的一些军人朋友减轻因超重负荷和经过爆炸造成的压力伤害十分感兴趣。在本书的写作过程中，也有一些军属联系我，想要帮助他们的军人家人重返社会。虽然这些轶事并不是"硬数据"，但确实表明，有一群人渴望得到答案，愿意接受新想法。

除了士兵，还有许多其他职业也容易患上极度紧张的疾病，包括：急救人员（急救、消防、警察等）、急诊室护士和医生、精神卫生保健人员、监狱看守、救灾志愿者、教师和危机处理人员等。

这些人的家庭也会遭受与压力相关的疾病。研究表明"9·11"事件后，经历者的孩子患上创伤后应激障碍的比率为19%。

其他受到高水平的创伤后应激障碍和压力相关疾病的人群包括：移民、暴力犯罪的受害者、虐待儿童的受害者（成人或儿童）、受虐妇女、大学生、那些患有重大疾病、事故受害者、离婚家庭的照顾人员、那些遭受慢性贫困和灾难的幸存者。

长期作为治疗师，我的同事和我总是在寻找新的信息来帮助我们的客户。我们需要这些信

黛博拉点评

n 此处作者引用了市场的轶事证据；如果能明确描述目标读者群，会更有力。这些人问了什么，为什么问？他们是否尝试了其他不起作用的治疗？他们作了什么治疗，却不能满足他们的需要？文案的每一部分都是展示你的书如何能满足特定需求的机会，作者抓住了机会，如果能简化一些、更专注一些，会更好。

息来有效地为这些客户服务，而不是让我们自己筋疲力尽。我正在写的是我盼望已久的书。在写书之初的采访中，我发现许多学科的从业者都对这本书充满热情。本书提供不同从业者切磋的机会；我没有数据支持这一点，只是一种多年从事这一领域并得到许多同事支持的强烈的直觉。我相信他们会成为本书的强大市场，例如，全国社会工作者协会俄勒冈分会强烈支持这个题材，不仅接受了我在今年春季全州大会上关于创伤休克的整体治疗的演讲，还在5月份赞助了我为期一天的研讨会。

这本书可能最适合高中或大学学历的读者，她们将成为生活中主要压力、创伤后应激障碍的幸存者，或者是有这些问题的家庭成员的照顾者或伴侣。我说"她"是因为，从统计数据来看，这本书最有可能的读者是女性，尽管我知道会有很多人感兴趣（包括男性）。她可能有一些精神上的波动，或正处于人生的过渡阶段。她可能是成千上万的失业者或没有医疗保险的人中的一员，无法负担治疗费用，却在寻找困难和难以应对的问题的答案。她会把这本书推荐给朋友和家人，因为这本书既鼓舞人心又实用。她可能住在另一个国家，那里的服务甚至比美国还少。她会很高兴在当地的书店或网上找到这本书，她会在未来几年里保留一本。这个虚构的读者代表了数千人，以及潜在的数百万美国和海外读者。

本书满足了我们时代的需要，确实有很大的潜在市场，而且有成为畅销书。❺ ⓞ

竞争（互补书名）

本书填补了市场的一个空白。早期的自助体裁的书籍中，有一些关于压力和创伤的自助类经典：《治愈的勇气》（1988年）、《放松反应》（1976年）《唤醒老虎：治愈创伤，改变压倒性经验的内在能力》（1997年）。这些书是关于压力和虐待主题的重要先驱，描述了一些比较宽泛的治疗概念。

过去五年左右出版的书籍变得更加具体，倾向于对压力或创伤采取一种模式并深入研究。这些书实践性很强、很具体，兜售一些干预手段，通常是一些不寻常的干预手段。这些信息相当直接，但范围很窄。与此同时，近年来也有一些关于精神自助的书籍得到了推广。最近甚至出版了几本关于创伤的回忆录，探讨了人类的状况，却没有直接探讨压力和创伤的机制。ⓟ

作为创伤和创伤幸存者的治疗者，我一直想找到一本现有的包罗一切的书，可以让我了解所有可用的治疗方法和资源，这样读者就可以找到合适的书籍或模式，而不必连续几小时浏览或阅读大量不同的书籍。本书结合了许多干预措施，同时将这些治疗方法的应用总结成一种精神自助的形式，旨在与当前的需求和读者产生共鸣。我

杰夫点评
❺ "目标市场"一节涵盖了所有的群体；然而，因为有很多细分类别，最好使用一些小标题分开。

黛博拉点评
ⓞ 永远不要说你的书可以成为畅销书，除非你打算在《纽约时报》上买广告。这么说毫无意义。
ⓟ 使用"兜售"这个词不好；不要贬低其他书籍来提升自己，尤其是在写作精神类题材时。

> **黛博拉点评**
> ⓠ 读到这里我才意识到这本书是帮助读者寻找干预的工具，让我有些困惑，作者本该在概述中就做出清楚的说明。

还没有找到其他符合这个标准的书，结合了精神自助、关于压力和创伤的最新信息，以及古今干预措施纲要、免费或付费服务等。 ⓠ

特定创伤干预

以下是一些自助书籍，对创伤有很好的干预作用，只是集中在一种或两种模式上，缺乏精神上的自助或治疗的多样性或两者兼而有之。

《治愈创伤：恢复你的身体的先锋项目》（彼得·莱文，出版社：听见真相，2008年，平装，112页，包括光盘）这本书根据莱文博士首创的体细胞体验技术，给出了一个12步的创伤愈合程序。这本书的问题在于太过简洁和缺乏深度。

《情感治疗穴位》（迈克尔·里德·盖克、贝丝·亨宁，出版社：矮脚鸡，2004年，平装，320页），这本书是一个很好的资源指南，知道如何自我穴位按压，使用手指压力刺激穴位。这本书是一种深度资源，具有狭窄的特定焦点。在书的结尾，还简要地提到了其他几种模式。

《利用能量治疗创伤：创伤后压力的快速缓解》（弗雷德·加洛、安东尼·罗宾斯，出版社：新的出版物先兆，2007年，平装，184页），另一种自我应用的技术是能量心理学运动的一部分。这是一本非常有效的干预书，人们似乎觉得很有帮助。

《压力消除手册：整体自助程序恢复健康，

达到平衡，促进幸福感的大师》（阿德里安·西蒙劳，出版社：宜必思出版社。出版日期：2010年8月1日，平装，160页），这本书还没有出版，但看起来是非常棒的深入指导，结合太极和气功的艺术治疗。这本书看起来确实运用了东方哲学治疗基础，主题专注、深入。

《压力管理：整体方法》（苏博·古普塔，自费出版，平装，80页），这本小册子提供了有用的认知行为技巧。

《摆脱压力：一个整体的方法》（费尔·纽伦伯格、芭芭拉·布朗，出版社：喜马拉雅研究所，2007年），这本书解释了身心的许多压力机制。它主要运用瑜伽的技巧，在呼吸和饮食上进行一些尝试。

《创伤后应激障碍工作簿：克服创伤应激症状的简单有效技术》（玛丽·贝思·威廉姆斯、索伊里·坡伊朱拉，出版社：新预告书，2002年，平装，237页），虽然这本书已经出版五年多了，仍然被临床医生广泛引用。这本书的重点是实用的解决方案和工作簿的格式，以克服创伤，经常与心理治疗结合使用。

《创伤后应激障碍资料读物：治疗指南、恢复和成长》（格伦·R·施拉尔迪博士，出版社：麦格劳希尔，2009年，平装，464页），是本好书，收集了最多的干预措施。这本书中，我看到了概念化的创伤后应激障碍。然而，这些干预措施是美国的主流，缺少关于针灸、草药甚至自然疗法的信息。虽然这本书强调精神生活的重要性，但我不会把这本书归类为精神自助类。

《超越创伤：减少创伤事件的对话》（维克多·弗尔科曼。出版社：爱的疗愈出版社，第二版2007年，平装/Kindle，360页），这又是一本深入探讨一种模式的书。很好，但要主题比较窄，而不是精神自助类书籍。

《从创伤中恢复》（杰敏·李·科瑞、罗伯特·斯加尔，出版社：达卡波出版社，2008年，平装/Kindle，288页），这本书是由治疗师写的，有很多有用的信息我发现这本书受佛教思想多样性的影响；对创伤有很强的刺激作用。

《创伤管理：在照顾他人的同时照顾自己的日常指南》（劳拉·范·德诺特·利普斯基、康妮·伯克，出版社：贝尔特·科勒2009年，平装/Kindle，264页），我把这本书列在治疗者和创伤处理人员的书单里，这些人也是本书的读者书中有美妙的精神基调和有益的心理锻炼，以及大量的理论和症状描述。正如你所看到的，有很多关于创伤和压力的书在流传。虽然这列表是全面的，但不详尽。然而，市场上有足够的空间来接纳一本新书——既提供了更深入的精神创伤的影响方法，同时也提供了更全面和最新的资源。 ❻ ⓡ

杰夫点评

❻ 这是一个竞争激烈的领域。作者显示出，她非常精通这一领域，并提供了大量可比较的书目。

黛博拉点评

ⓡ 这位作者没必要列出这么多书。在我看来，定义好市场，描述清楚书的核心，就没有必要列出这么多书。不需要过度销售你的书；只需要显示书的市场地位；也不需要列出自己出版的书，或者几年前出版的书仍然在畅销书名单上或被认为是经典。无论哪种情况，重点都应该是你的书做了什么，而不是他们的书没有做什么。尤其不要列出尚未出版的书籍。

书籍细节 ❼ ❽

篇幅：225-250页
交付：第一期预付款交付后9-12个月
边栏：2
图：2

权限：作者将根据需要寻求采访和案件的权限，包括漫画、诗歌或歌词的权利。（请参阅随附的许可证表格）

背景资料：为本书提供资料的专家提供姓名和联系方式的附录，以及创伤急救箱资源。

索引

营销和建立平台 ❽ ⓣ

我知道出版业正在经历一个巨大的转型，用不一样的方法推销书籍和作者。我非常认真地对待作者平台的需求。

在过去的几个月里，我们一直朝着这个方向前进，并为未来做规划。我愿意把我的出版商看做一个实用而有创意的营销伙伴合作。

在过去的几个月里，我：
- 推出我的新专业网站；

杰夫点评
❼ 这表明作者对完成的书有一个清晰的愿景，以及她需要多长时间来完成它。
❽ 我喜欢作者将市场部分组织成许多子类别的方式，表明她已经深入研究了出版商想要知道和看到的东西。这些都不能改变作者不是名人或者没有任何产品销售历史的事实，但确实能表明，她渴望主动利用自己的专业技能和人脉，这种方式很可能会带来销量。

黛博拉点评
❽ 我从不认为有必要包括这些细节，又不是自费出版。可以指出手稿是否完成。其他信息，如果相关，比如特别前言等内容，应在概述、目录中列出，然后在文案的营销和推广部分再次列出。
ⓣ 这种对出版业现状的评论是不必要的，我们常常会多话。写作的时候，要控制好自己，仅仅利用这个空间来谈论你所拥有的东西。最近做了个人网站，说明一下，但不要透露你昨天才上传的，有就足够了。不要讨论计划，除非是像"活跃的社

交网络、定期的博客"这类很具体的计划。

ⓤ 这部分讨论博客的内容听起来像是未来需要完成的工作，如果已经有了，那就是有，要坚定地说："我每周都在博客上发帖。"

如果博客是通过各种渠道同步的，也需要说明；如果有任何类型的订阅者重要数据，也要说清楚。代理和编辑人员倾向于忽略未来的事情。

www.InsightOutHealing.com

- 在《俄勒冈人》上发表评论文章（发行量32万份）
- 发表了一篇与国家通讯为全国社会工作协会合作的文章
- 在国际创伤压力研究学会会议（大型国际会议）上展示海报
- 在当地的医院和培训中心进行演讲
- 发展我的社交网站
- 作为哈罗网的常客专家
- 与畅销作家让·休斯敦签指导约

我对近期平台建设和市场营销的计划分为以下几类。

文章

我计划继续撰写文章投稿给出杂志和时事通讯期刊。这些文章将集中于从压力和创伤的整体愈合。目标读者包括从业者和非专业人士。值得一提的是，我的目标为女性杂志，包括《O杂志》《女士》《红皮书》《真正简单》《玛莎·史地沃德生活》等"七姐妹"杂志。

博客 ⓤ

我致力于我的网站博客，"用洞察力写博客"。每一到两周，我会就相关话题发表750–

1000词博文。我计划继续将这些内容投稿给《赫芬顿邮报》和其他博客网站,以便进行更大规模的发布。我在社交网站上宣传推特和"脸书",我总是想办法扩大接触我的网上作品个人和专业,通常通过口头或专业的介绍。在适当的时候,我会投稿给地方和全国的专栏。

会议 Ⓥ

在接下来的几周内,我将在波特兰地区参加几个研讨会,其中一个是为女性心理学召开的国际会议。我喜欢在公共场合演讲,这是我找到写书的材料的最佳方式。我一直在寻找新的会议机会,目前我正在申请2010年11月的两个国际会议。

培训

由于海地目前有大量的创伤急救人员,目前有需求汇报情况、帮助人们回家。我目前正在和红十字会和其他慈善组织讨论培训波特兰团队事宜。我最近被邀请在当地一家医院参加一个放松训练工作坊。 Ⓦ

课程 Ⓧ

我正在为当地的体育俱乐部、健身房、社区中心制定8周和12周的课程计划,其中很多减压课程很受欢迎。

黛博拉点评

Ⓥ 这部分也是将来式。如果做过公开演讲,那就讲清楚。并不是要冒犯作者或任何读者,但代理和编辑根本不关心你喜欢什么,除非他们是你的私人朋友。他们想知道你擅长什么,人们是否会来听你讲什么,这些都转化为图书销量。人们这样来决定是否要支持你的书,这是一桩生意。

Ⓦ 被邀请很好;然而,主动的口吻"我曾在以下地点教授或肯定会在以下地点教授的培训工作坊"更有效。每个有创意的人都有伟大的想法,代理和编辑更关心的是能够贯彻。不能让他们觉得你希望他们来经营你的作家事业,他们要看你带来了什么。如果你已经做了一些事情,他们会考虑到你正在计划的事情。

Ⓧ 我看不出上面列出的任何其他想法有什么优势。如果用更具体的术语来写,那就太好了,但所有这些听起来都像是将来会发生的事情。如果你不想给出版商留下你还没有准备好的印象,最好还是把这类信息删掉。这并不意

味着你不能把这些事情具体化。最重要的是，要以可信的方式写。代理商和出版商不是在寻找营销伙伴。作为作家，要利用所有用的一切。展示强大的网上形象或传统形象并不难，但不要留到文案之后再展示。

社交网络

目前，我定期在"脸书"和推特上发帖，并在寻找扩大我的读者群的方法。我也是领英和新人类联盟的成员。我也开始通过宁网寻找社区，并考虑在那里建立一个网络。

常规网络

我是波特兰威拉米特作家俱乐部（Willamette Writers Club）的会员，或将参加那里的每月活动。在全国社会工作者协会俄勒冈分会，我是新成立的心理健康委员会的成员。我计划加入一个女性商业网络小组，一个波特兰的作家评论小组和波特兰城市俱乐部。我被我的孩子们的学校社区邀请在各种活动中担任减压专家。

媒体

虽然我有丰富的戏剧经验，但我在镜头前的时间不多。我现在正在为摄像机前的采访寻求媒体培训。我打算成为波特兰地区压力和创伤管理方面的权威专家，然后扩展到更大的领域。

在图书出版过程开始后，我将进入第二阶段的营销。理想的情况是，但在某种程度上依赖于这种进步，我将聘请一名国家级的公关人员，开始将我的工作拓展到更广阔的领域。这将包括：

广播 / 电视采访

我坚信本书的使命是为广大人民减轻痛苦。大型市场的广播和电视是这一使命的一部分,我将把这一运动作为一项优先任务。

视频

书中的许多主题都有视觉展示,比如如何安抚自己,适当的瑜伽姿势放松。我将上传简短的视频演示剪辑到我的网站上。

专栏博主

我把目光投向了赫芬顿邮报网站,但我也会关注吸引大量观众的类似论坛。

研讨会

书中的材料非常适合于体验式的精神自助工作坊。我将起草一个周末和一周的课程,帮助人们通过书中的工具改变他们的痛苦。理想的展示场所包括纽约的欧米茄中心、俄勒冈州的布雷顿布什温泉、马萨诸塞州克里帕鲁中心、霍利霍克、不列颠哥伦比亚、阿西洛玛、加利福尼亚和其他类似的中心,担任讲习班和书籍的市场主讲人。

这本书出版后,我的一切都是关于营销的。有房车就会旅行……(说真的我有31英尺高的伊塔斯卡,所有的设施应有尽有)!我希望我的出版商是我的合作伙伴,至少共同头脑风暴,不见得必须是现金(虽然金钱万能,我也会寻求;詹姆斯帕特森是我的英雄)。签名售书、阅读、采访以及上述所有活动将继续在美国和海外进行。作为一名资深的临床医生,我有一个很大的优势,就是我能够同时打开这两个世界的大门,无论是专业的还是非专业的。我在这一行已经干了35年,打算把过去所接触过的人都找来。我在旧金山湾区、波士顿地铁、阿尔伯克基,当然还有俄勒冈州都有人脉。我的邻居是国会议员,也许我甚至可以在华盛顿特区做点什么。

我放开了心胸。我准备好了。我充满了热情。开始吧!

《创伤工具包:从灵魂治愈》

目录 ⓨ

介绍

前言

第一部分:创伤经历

第一章:破坏

第二章:灵魂搜索

第三章:瑜伽模型治疗

黛博拉点评

ⓨ 目录很出色,文案其他部分可以缩短,强调作者的资质和本书的优势。说到底,出版是讲实力的:虽然市场营销和促销很重要,但你要专注于自己的优势。在这个文案中,要强调三件事:作者的资质、现有疗法对部分创伤后应激障碍患者无效、其他不同疗法。作者在执业过程中也使用这些疗法。作者在哈佛大学受过专业训练,专攻创伤治疗,她认为这些工具是有效的。一直要牢记你的书能带给读者什么信息。

第二部分：工具箱

  第四章：急救创伤休克

  第五章：创伤和你的身体

  第六章：治愈你的能量身体

  第七章：让你的思想参与

  第八章：参与你的智慧

  第九章：幸福疗法：如何进步、保持

第三部分：流动动机：胡萝卜加大棒

  第十章：离开的高成本压力和创伤治疗

  第十一章：转型创伤：治疗术语表的新愿景

  附录：资源

     扩展诊断信息

  谢辞

  索引

章节梗概 ❷

介绍

  介绍概括了我作为一个极端虐待和压力的幸存者的一生。它将我作为一个幸存者和治疗师的个人故事与世界各地慢性压抑和创伤的更大故事联系起来，并向读者介绍了这本书的布局和范围。

黛博拉点评
❷ 章节梗概写得非常好。尽管我发现文案的组织和呈现有些缺陷，最终，一本好书总会有机会遇到合适的出版商。

前言

我把这本书推荐给几位知名的整体医学专家,以获得他们的支持,为这本书和这些指导写序。6月,我将和吉恩·休斯敦一起做一个为期一周的小组沙龙。她或她的一位知名同事(迪帕克·乔普拉、杰克·科恩菲尔德)可能会感兴趣。

第一部分:创伤经历

第一章:破坏

一位小提琴家,在从歌剧院回家的路上出了车祸,她因此失去了自己的事业。一位母亲看到她两岁的女儿死于一场火灾。一名妇女在6年内经历了7次死亡,包括她与癌症抗争13个月的丈夫。儿童白血病的幸存者。儿童时期遭受严重虐待和忽视的成年人。卡特里娜飓风的幸存者。一个年轻的士兵从伊拉克战争回家。这是一些不同面孔,他们都经历过难以应对的事件,包括自然灾害、事故、虐待、犯罪、医疗疾病、战争、背叛和累积压力等截然不同但往往相互重叠的压力。

第一章探讨了不同类型的创伤经历,并解释了目前用于诊断压力障碍的精神病学诊断类别:适应障碍、急性压力障碍和创伤后压力障碍。西医在治疗这些疾病方面有一定的疗效,但往往达不到预期的效果,而且只局限于精神层面,少数精神干预措施的成功与失败并存。我们需要一种治疗极端事件幸存者的新模式,而这本书将为患者和医生提供他们所需的工具和信息,以更快、更持久地缓解衰弱症状。

图书策划案 6

文案

《成功的半路企业家》 ❶ ⓐ

从不确定的行业阶梯上跳下来，进入正确的行业

威廉·西格雷夫斯

需要和贡献 ❷ ⓑ

吉姆·史密斯是一位在投资行业工作了20年的资深人士。

2008年金融危机最终波及了吉姆供职所在的佛罗里达杰克逊维尔的中型公司。尽管吉姆认为他的公司能经受住经济危机，但是，在2009年11月的一个异常寒冷的星期五，老板敲了敲他办公室的门框，让他"过去一下"，吉姆完全措手不及。

吉姆立刻明白了为什么他的老板突然造访。五分钟后，吉姆正在一个板着脸、显然缺乏幽默

杰夫点评

❶ 这不是作者原本的书名，作者原本用的书名像是中老年人的口吻，我通常不鼓励那样的书名。任何显示出适合某一年龄段的内容都有不必要的风险，原因很简单，美国人不喜欢变老，可能任何30岁以上的人都是这样。职场瞬息万变，人们不希望自己被落下。

❷ 我通常不会让作者这样给文案开头，从概述开始是最安全的。但如果这部分还不坏，我不会坚持要修改。从某种程度上说，书名已经是概述的一部分，因为它能立即说明这本书是关于什么的，以及谁应该关心。我喜欢作者的这部分内容，因为有力地说明了这个概念。

黛博拉点评

ⓐ 书名挺好的，我不太确定副标题好不好，我甚至不确定是否需要副标题，但这是出版商最终会决定的。从文案整体来看，文案很成功。

ⓑ 为了符合文案格式，我们希望将这部分命名为"概述"，也可以说，这是引入这个概念的一种创造性的方式。为便于阅读，作者

可能会变形一下"概述",这是个人选择。记住,文案中标题和副标题越多越好。代理和编辑读过太多文案,让你的简历看起来专业些,读起来应该会赏心悦目。

感的警卫的监视下,把他的个人物品装进一个纸箱里。当然,吉姆只是那天离开大楼的众多客户经理之一,他们只有一个纸板箱和一份最后的薪水。

起初,吉姆利用公司提供的资源寻找另一份工作,但很少有公司有兴趣与一位53岁、对薪水要求很高的资深投资专家交谈。尽管如此,吉姆还是泰然自若地接受了接下来三个月的各种拒绝信,继续寻找工作。

然后,有一天,他的妻子下班回家,发现他从地下室拿出了一些他的招牌自制啤酒。她开了个玩笑,说要和他一起在院子里度过"快乐时光"。她笑了笑,然后用她认为是善意的讽刺说:"嘿,我有个主意。"你应该开一家自己的酿酒厂,忘掉找工作这件事。

吉姆停了下来,迈着大步,仿佛有什么东西挡住了他的去路。他把盛满啤酒的盒子放在厨房的柜台上,直视着妻子。"雪莉,你知道,结婚20年来,你给了我一些非常好的建议,但这一定是最好的建议了。因为,你知道吗,这正是我要做的——啊!"

吉姆·史密斯职业生涯中期的启蒙故事至少说明了这本书的两个重要方面:首先是它的主要目标读者,其次是"经济危机"如何造就了这群积极进取、经验丰富的新兴企业家。这个故事没有说明的是这个创业寓言的一个重要部分:偶然成为酿酒大师的吉姆·史密斯是如何准确地判断创业酿酒厂是否是最好的道路,和什么是现实

的步骤，他将采取什么现实的步骤在一个不确定的经济环境中实现自己财务自由的愿景。幸运的是，本书就回答了这些问题。 ⓒ

本书向读者展示了吉姆，或者和他处在类似生活和事业境地的人，如何在半路事业中成功，不论半路的事业是否是事先计划的。

为什么会突然创业呢？贯穿全书，读者将跟随主人公吉姆·史密斯，以及他的创业顿悟的故事。在每一章的结尾，吉姆将面临一个决定——这个决定决定了本章的内容。例如，第3章探讨了企业家和企业主之间的区别。在这一章最后，吉姆可能意识到了这一点：他的个性、技能和商业敏锐度更适合精酿啤酒的特许经营机会（这些确实存在），而不是白手起家创建自己的啤酒厂。

或者，在第5章"规划最佳前进方向"之后，吉姆可能会发现，他可以将计划中40多万的资金用作创业资金，而在此之前，他还以为自己必须申请SBA贷款。

作者本身就是一位经验丰富的连续创业者，他仔细地剖析了商业发现过程中的每一个环节，这样读者就能诚实地评估自己和自己手中独一无二的、半路的商业机会。书中丰富的实践内容由经验丰富的金融专业人士审查与证明，可以帮助数以百计的客户实现他们的创业梦想，使这本书成为快速增长的半路企业家的重要资源。

黛博拉点评

ⓒ 作者一种创新方法处理这部分的内容，清楚地解释了书的结构，然后是他的资质。到目前为止，作者还没写完文案的其余部分，就开始预售这本书。

杰夫点评

❸ 这一节条理清楚，写得好。我喜欢作者把主要读者群和次要读者区分开来。

黛博拉点评

ⓓ 市场描述部分写得很好，表明作者清楚地了解他的读者，这会让代理或编辑相信作者很专业，也很专注。下一步是要解释如何接触到读者群。

主要读者 ❸ ⓓ

公司（或以前的公司）专业人员（通常是面向业务的高级职员），特别是：

- 被动的企业主（30%的读者）——最近失业的专业人士，不知道该去哪里找工作，没有安全感。
- 积极主动的企业主（40%的读者）——这一群体仍然有工作，但可以看到不祥之兆。在被迫成为被动的企业主之前，他们正努力控制自己的未来；比那些被动的人过得好，但肯定感觉不安全。
- 活跃的商业投资者（20%的读者）——这群人已经在为自己做生意了，但是他们希望在现金流、管理和退场策略方面寻求指导。
- 退休并受到鼓舞（10%）——这一群体是由那些选择提前退休，但不觉得自己"完蛋了"的人组成的。"尽管他们目前的经济状况可能比较稳定，但他们对未来固定收入的限制感到不安。"
- 退伍军人——虽然在我的读者中只占很小的比例，但退伍军人是一个特殊的群体，他们需要解决自己的特殊处境。

由于2008、2009年金融危机的持续影响，这些群体中仍有"未充分就业"的人。

次要读者

- 职业顾问
- 人力资源专业人士

主要功能 ❹ ⓔ

职业生涯中期、考虑重新开始的创业型专业人士或接近退休年龄、考虑创业的专业人士会把本书看做重要的资源,因为他们需要为新企业计划和寻找合适的业务与可行的融资选项。

具体地说,这本书探讨了在传统企业债务的约束下创业的缺陷。

本书是一本完全指南,探索了这些企业家们会面对的所有问题和担忧,包括:如何开始、风险、回报、潜在的储蓄和成本的融资策略等。读者们可以利用本书为资源:

- 理解为什么合适的业务是如此重要。
- 了解适当的资金对企业未来成功的巨大影响。
- 建立一个基本的框架,了解和评估使用自筹的40多万作为企业启动资金的财务风险和潜在回报。
- 获得行动所需的信心,使他们的梦想成为现实。
- 通过学习他人的经验来避免常见的执行错误。

杰夫点评

❹ "主要功能"部分很聪明,不仅可以强调重点的目标市场,同时,也展示出作者了解读者需要什么。

黛博拉点评

ⓔ 我觉得标题毫无意义,不过,这些信息是有用的,可以放在内容介绍中,也可以用标题"摘要"。

杰夫点评

❺ 提供其他可能的书名也无妨，虽然我认为都不太可行。

❻ 提供估计的字数比页面数更有用。很少有作者，尤其是新手，知道如何将双倍行距的原稿页转换成成书。另外，如果你需要占用空间的图形或插图，也可以详细写在这里。

❼ 我认为这是一个非常好的概述部分。文案中有样章，这样就不需要额外地阐述了。

黛博拉点评

❽ 不需要列出其他候选书名，要展示出对你的作品的信心和决心，反正最后也不是你来定书名。

❾ 我比较喜欢目录在梗概前，记得在展示细节前先提供路线图。

其他可能的书名 ❺ ❽

迟做总比不做好

为什么现在是从员工过渡到企业家的最佳时机

企业家

跨出这一步，永不回头

消除不确定性，掌控你的创业未来

篇幅 ❻

约200页

目录 ❼ ❾

前言

佩里马绍尔

介绍

第一部分：新的职业现实

第一章：半路企业家的概念

- 独特的时间：框架10–15年
- 面对恐惧：员工还是企业家？

梗概：这一章介绍了半路企业家的概念，并强调了目标读者的独特机会。尽管他们可能无法像20多岁的年轻人那样承担商业风险，但与年轻的创业者相比，中年创业者有一组独特的优势，包括：时间框架、具体的阶段性目标，对自己的优缺点有更多的了解和认识。这一章将帮助读者权衡作为雇员继续他们的职业生涯或作为独立的企业主独立创业的利弊。

第二章：你是哪种处于职业生涯中期的企业家？

- 五种类型
    - 被动的企业主
    - 积极的企业主
    - 活跃的商业投资者
    - 退休受启发的企业主
    - 老兵
- 被迫自由

梗概：本章探讨了半路企业家的五个类别或分类，包括那些由于2008年开始的经济衰退而被迫进入创业"自由"的人。过去和现在的许多环境决定了如何分类这些半路企业家，根据时机、准备、个人情况、自我意识、主动性、商业头脑和态度。

第三章：企业家或企业主

- 饼干罐
    - 区别
- 为什么很重要
- 基本特征和习惯

梗概：不是每个人都有创业的倾向。这一

黛博拉点评

ⓗ 这些章节总结做得很好。

　　你需要的细节数量取决于主题。这位作者使用了足够的细节来向代理或编辑表明这本书内容丰富且很有条理。作为作者，你要证明你能履行诺言。

章讨论了作为一名成功的企业家所需要的一套特殊的技能和能力，包括商业敏锐性、看全局的能力，以及所需的人际交往能力。这一章与后面一章有关适合企业家个人特点和长处的商业类型的重要性的章节相关联。

第四章：前路

- 关键态度转变

  最好的事情发生了
- 用不同的视角展望未来

梗概：无论一个企业家是如何做出自主创业的决定的（尤其是当他们"被迫获得自由"的时候），重要的是要接受现实，并为未来指明道路。这一章将帮助读者以积极的态度接受变化的环境，并向读者展示如何以确保成功的方式抓住机会。

第二部分：接受半路创业精神

第五章：规划最佳事业（创造独一无二的机会）

- 加速10－15年
- 有利的地位

  40多万资金的可行性

  业务选择

  退场策略

梗概：这一章敦促新的企业家发展一种心态，将有助于他们抓住最好的机会。本章帮助读者理解在人生的这个阶段创业至少有三个关键优势：可能可以有40多万资金；可以选择何时开始经营，何时提供产品和/或服务；可以选择什么时候结束。

第六章：专营权——通往企业所有权的捷径

- 你梦想的事业，或者……
- 检验引擎盖下
- 苹果到苹果

梗概：本章主要针对"企业主"一类的企业家。读者会调查购买一个已建立的特许经营业务时需要注意的三个关键因素，以及确定业务是否适合和为成功提供基础实践的基本技巧。

第七章：收购现成企业

- 指针
- 陷阱

梗概：购买现成企业需要更多的企业家的雄心，而不是风险较小的特许经营权所有权。然而，有一些独特的挑战会吞噬任何优势。这一章提供有助于成功的指导，以及帮助避免常见陷阱的指导，包括：正确判断业务成熟度和增长潜力，和避免误解的外部隐藏基本商业模式缺陷的迹象。

第八章：自己创业

- 风险/回报
- 确定你的商业计划
- 现在就计划未来

梗概：传统企业家是本章的目标群体，包括讨论和指导关于创建一个完整的商业计划和创建现实的风险和回报场景。

第九章：确保创业成功

- 人们为什么失败
  成功要点
- 控制
- 为什么时间是对的

概要：无论选择什么样的创业道路，都存在一组常见的陷阱，往往会导致失败。失败的例子中最常见的问题之一是债务。这一章解释了传统的债务情景是如何导致企业主做出最不利的决定，或者分散企业主对最佳业务策略的注意力。

第三部分：制定长期（10 – 15年）行动计划

第十章：启动阶段：0 – 45000

- 业务资金
  40多万美元资金
- 业务选择
- 业务规划

梗概：创业企业启动的第一阶段包括商业研究、规划和选择。本章解释了这六个月的决策阶段必须包含的重要步骤和考虑事项，包括为新企业或创业企业设立资金的关键活动。

第十一章：运作阶段：6个月 – 10年

- 增长战略
    员工注意事项
    市场营销
- 商业投资
    40多万资金的影响
- 保持平衡
    个人
    专业

梗概：运营阶段测试一个企业家的专业和个人能力，这就是规划与市场现实相结合之处。这一章更详细地强调了为什么作为一个无负债、现金充裕的企业，运营可以让新企业所有者专注于企业的成功，并使他们能够应对企业运营中不可避免的挑战，从员工问题到增长和营销挑战。这一章强调了积极的、以解决问题为导向的态度的重要性。

第十二章：过渡阶段：退场策略

- 计划你的退场
- 情感断开

- 最终回归
- 注意你的储蓄

梗概：半路企业家在一个企业或创业企业中有控制他们的进场和退场的优势。本章重点介绍了这种全循环策略以及事先规划退场的优点；讨论了各种退场策略选择，并向读者展示了如何出售一家企业，并将利润返还给原始资金和其他投资选择。

第十三章：结论

作者介绍

其他资源

竞争及相关作品   ❽   ❶

中年的职业生涯中期的读者群体当然是很重要的市场。

虽然人们对这一群体给予了很多关注，但通常信息传递的范围相当狭窄，呈现的理论或意识形态缺乏实际适用的知识。事实上，许多书的主题集中在两个反复出现的主题之一：职业十字路口或创业精神。虽然这两个主题本身都不会被认为是竞争，但其中一些书包含的内容是互补的，书名已单独列出。

至于那些已出版的本书同类书籍，则更能反

杰夫点评

❽ 我希望这一节在大纲之前，但放在后面也没有什么不好。我让作者重写了这部分（这是修改后的版本），因为作者列出的所有的书名都是自费出版的，出版商可能不买账，而且有许多好书可以选择。每本书的分析、小结都做得很好，反映出作者的专业知识。

黛博拉点评

❶ "竞争和相关作品"部分写得很好。正如我们所推荐的，作者把他的书和其他书区别开来，并且没有贬低其他书。作者清楚地说明哪里需要他的书，展示了很多书名，但这不见得一定要。如果这类别的书很多，那是需要多列一些书名的，不然，少一些书名也可以。

映出本类别书籍不同程度的紧迫感。以下列出了这些书的简短摘要以及和本书的不同之处。

竞争书籍

《第二次革命机会：在50岁之后成为自己的老板》

作者：爱德华·罗格夫博士、大卫·卡罗尔
平装：178页
出版社：罗浩斯出版社（2009）
ISBN：978-0-9791522-9-0

分析：这本书也处理那些在类似的企业家人群的问题。虽然这本书读起来很有趣，内容也很丰富，但它缺少的是"紧迫、时间和不能搞砸"的心态。中年人并不是被教导去利用他们独特的机会，而是在没有激励人心的、如何做的、采取行动的情况下接收信息。

《职业第二幕：50多种在半退休状态下从兴趣中获利的方法》

作者：南希·科拉默
平装：263页
出版社：十速出版社（2013）
ISBN：978-1-6077438-2-8

分析：这本书探讨了"第二幕职业"和半退休的想法，暗示读者有一个选择和完全控制的情况，缺乏紧迫性。在美国，即将到来的裁员威胁刺激了这种新的职业选择。虽然"第二幕"的想法与事业中期成功的企业家是一致的,但具体情况有所不同。

《你的降落伞是什么颜色的?2014:求职、转行实用手册》

作者:理查德·N·伯雷斯

平装:368页

出版社:十速出版社(2014)自1970年起出版,1975年起每年修订

ISBN:978-1-6077436-2-0

分析:正如书名所示,这本书更侧重于找工作,而不是追求创业梦想。然而,这是第一批出版的同类书籍之一,我们称之为"职业十字路口"类型,它仍然被誉为最好的和最相关的书籍之一。《纽约邮报》将其称为"来自美国的每个人的首选指南"。中年危机的婴儿潮"一代希望改变自己的职业,而大学生则希望开始自己的职业生涯;那些面对的中年危机的婴儿潮"一代就是目标读者群。

《跳槽:丢掉你没有前途的工作,把你的兴趣变成一种职业》

作者:乔什·希普

精装:240页

出版社:圣马丁出版社(2013年)

ISBN：978-0-3126467-3-8

分析：这本书在信息传递和语境方面与本书非常相似，但有一个明显的不同之处：读者是年轻人，有更多的时间来"试验"自己的职业，但不一定有资源、知识或技能来达到同样的水平。同样的，虽然核心信息是相似的，但却源自另一种不同的需求——与其说是一种迫切的需求，不如说是一种不安或不满。

《你的经济：发现你内心的企业家精神和经济衰退免疫的生活》

作者：金伯利·帕尔默

精装：256页

出版商：艾默康（2014）

ISBN：978-0-8144327-3-0

分析：这本书是关于通过创业投资或者作者所说的"兼职"来建立一个安全网。其根本动机在很大程度上和本书一样——害怕被解雇——但本书将这个主题进一步推进到全面的创业转型，而不仅仅是兼职创业。"经济衰退免疫的生活"的概念和本书是一致的。

《最终的百万富翁：每个人都能成为成功的企业家，成功创业》

作者：海梅·塔迪

精装：272页

出版商：威利（2014）
ISBN：978-1186747-0-3

分析：这本书与本书密切相关，因为这本书认为，拥有企业是通向真正的财务独立的唯一道路。这些建议似乎来自其他"曾经经历过并做过"百万富翁的人，他们希望传授自己的个人智慧。本书更程式化、更应景，也可以说，"最终"不在本书语境中。

相关/互补书籍

《拥有你的未来：如何像企业家一样思考，并在不可预测的经济中茁壮成长》

作者：保罗·B·布朗

精装：224页

出版商：AMACOM（2014）

ISBN：978-0-8144340-9-3

《晚开始，富结束：任何时候、年龄都能实现财务自由的不失败计划》

作者：保罗·B·布朗

平装：368页

出版人：皇冠商业（2007）

ISBN：978-0-7679194-7-0

《重新想象的生活：发现你新的生活的可能性》

作者：理查德·J·雷德

平装：216页

出版人：Berrett-Koehler Publishers（2013）

ISBN：978-1-6099493-2-7

《太年轻而不能退休：开始余生的101种方法》

作者：玛丽卡·斯通、霍华德·斯通

平装：157页

出版商：羽翼出版社（2004）

ISBN：978-0-4522855-7-6

《创业：适应未来，投资自己，改造自己的职业生涯》

作者：雷德·霍夫曼、本·卡斯诺查

精装：288页

出版人：皇冠商业（2012）

ISBN：978-0-3078889-0-7

《百万富翁快车道：破解财富密码，一生富足》

作者：MJ·迪马科

平装：268页

出版人：韦珀瑞恩出版社（2011）

ISBN：978-0-9843581-0-6

《返工》

作者：杰森·弗里德

精装：288页

出版人：皇冠商业（2010）

ISBN：978-0-3074637-4-6

杰夫点评

❾ 文案中不需要时间表，但是如果作者处于相对较快的周转时期（6个月），那么时间表可以加分。然而，我发现初出茅庐的作家往往会低估写作的时间，所以我经常建议他们再加三个月，早交稿比延迟交稿好。

❿ 这一点说得很好，但我通常更喜欢把这一部分放在文案的开头，因为这通常是出版商想知道的第一件事。

黛博拉点评

ⓙ 没有必要制定时间表，除非书稿已经完成，那么你可以注明"已完成的稿件可按要求提供"。出版商和代理商将决定这本书何时出版、适合某一特定的书目。可能需要修改和编辑，您将有一个可协商的最后期限。这个信息没必要写。

ⓚ 首选的标题是"作者介绍"，但任何标题都可以。记住，这不是一份简历。作者很好地列出了最相关的资质：职业和概念匹配得很好。代理商和编辑正在考虑的是：作者是否有足够的资历来写这本书？现在，答案是肯定的。

《企业家精神：100种精英企业家的基本信念、特征和习惯》

作者：凯文·D·约翰逊

平装：268页

出版人：约翰逊传媒公司（2013）

ISBN：978-0-9884797-0-8

时间表　❾　　ⓙ

最终稿需在6个月内完成

作者背景　❿　　ⓚ

作者被称为"中年企业家顾问"，致力于帮助有抱负的企业主从公司的束缚中跳出来。

作者发现了小企业和特许经营权可以提供的自由。作者拥有超过20年的创业经验和金融融资大师的经验，他的专业定位是提供合理的建议，见证了数以百计的小企业主不仅成功，而且在他们的中年创业阶段蓬勃发展。

他的洞察力，加上良好的商业实践知识，使他在其他融资和商业培训公司中享有良好声誉。除了在计算机服务和小企业融资领域运营自己的三家公司外，作者还帮助客户建立了自己的公司，在零售、餐饮、娱乐、制造业、商业咨询公司和许多其他行业的业务不断增长。

作者以成功的产品开发和销售起家。1984年任国防工业经理，在大规模工程方面取得了巨大的成功，并与美国政府进行销售和市场推广。然而，作为一名企业家，作者从加利福尼亚搬到了丹佛，并收购了一家提供信息技术咨询和服务的小企业。公司为大大小小的企业提供了8年的服务，直到作者成功地将企业转让给他的一名员工。

2004年，作者与合伙人共同创办了一家成功的公司，提供40多万资金和其他贷款服务。在帮助创建这家公司后，作者决定在商业服务、资金和企业家教育方面追求更广阔的视野。按照这一设想，作者于2008年创立了"着火"基金。

尽管推出基金的时机把握得很好（就在2008年股市崩盘、信贷市场枯竭的六周前），但作者和他的灵活团队成功地使公司迅速成长为市场领导者——基本上克服了经济衰退带来的巨大困难。

作者继续管理着越来越多非常有能力的小企业专家，他们中的许多人都有自己的创业或特许经营经验。投资团队中的每个人都热衷于帮助中年创业者成长、成功。

除了管理基金的日常运营外，作者还参加成功企业家国际圆桌会议。作为小企业融资领域公认的专家，作者经常受邀在特许经营和融资活动上作为演讲者和小组演讲者分享他的见解；他的公司不仅专注于通过融资和融资策略分享财富积累的信息，还致力于教育客户建立自己企业的最佳实践。

好处 ⓫ ❶

杰夫点评

⓫ "好处"一节总体不错，但在这里有些多余。不过，通过文案不断地强调你的强项没有坏处，编辑们在阅读时经常跳着读。

黛博拉点评

❶ 这个标题似乎不属于这里。可以放在内容部分，也可以是市场部分。但是标题并不清楚。对谁有好处？读者？出版商？确保你的文字都有意义、有条理。这就是为什么我们通常以特定的顺序使用标准标题。代理和编辑知道应该期望什么，以及在哪里找到他们需要的信息。

这本书提供了：

- 从一个经验丰富的金融专业人士／中年企业家／教练和顾问清晰的见解和指导，以及迅速崛起的业务／专业市场板块。
- 专门针对这群有动力、定位良好的读者（准备好采取行动的企业家）的建议。
- 实用的业务融资路线图，将主题置于全局视角中。
- 面向行动的工作和决策清单。
- 帮助读者获得行动信心的具体策略。
- 一个全面的长期计划，以帮助处于职业生涯中期的企业家启动、运营，并最终从他们过去成功的事业过渡。

最后，本书挑战了一大批以创业为导向的专业人士，要求他们抓住当前经济环境提供的机会，考虑为成功职业设定"第二幕"上限，直接处理目标读者的自信精神和种种担忧；毕竟，传统企业内外的企业家在评估潜在投资或商业机会时，都在寻求相同问题的答案：什么是成本、风险和之后的回报。本书回答了这些问题，还有其他很多问题。

市场环境 ⓬ ⓜ

本书的定位是利用美国社会的社会、经济和人口统计学的综合影响，推动目标读者——成功的中年或职业中期专业人士——对他们预期的职业和生活轨迹做出根本改变。

最近的一系列统计数字支持这一说法，其中包括下列指标：

对创业的一般兴趣和动机

- 大约有2500万人，也就是每4个44 – 70岁的美国人当中就有一人，有兴趣在未来5 – 10年内创办自己的企业或非营利组织。
- 有抱负的企业家平均有31年的工作经验和12年的社区参与活动。六分之五（85%）的人表示自己有丰富的管理经验——平均15年。
- 再次创业者的融资需求并不大。三分之二（67%）的人说他们需要5万美元或更少的启动资金，只有五分之一（20%）的人说他们需要超过10万美元。一大批人（47%）希望利用个人储蓄来创业。
- 大约一半（52%）的人表示，他们推迟了

杰夫点评
⓬ 这看起来可能有点多余，但确实能强化信息，减少干扰，所以我认同这部分内容。

黛博拉点评
ⓜ 我更喜欢简单的标题："市场"。

创业计划，因为觉得自己在财务上不够安全。近47%的人表示，认为自己无法获得足够的融资。但是近六成企业家（58%）说，当前的经济气候使他们更可能开始自己的企业或非盈利企业。

- 对特许经营业务增长的需求远远超过特许经营业务获得融资的能力。
- 据美国劳工统计局，当前退休前市场比20年前大约65%大。

传统融资难

- 2007年至2013年，美国小企业管理局担保的银行贷款下降了60%。
- 与2007年相比，2012年美国五大银行中的四家将传统小额贷款减少了三分之二。
- 寻求小额贷款（15万美元或以下）的个人更难获得资金。美国小企业管理局的平均7a贷款规模增长了两倍，从2007年的165,723美元增至2013年的498,971美元。
- 使用个人储蓄基金公司业务从2012年的66%跃升至2013年的86%。
- 用信用卡支持创业企业是主要的资金来源2012年一项调查。

作者营销战略 ⓭ ⓝ

作者致力于全面探索传统和社交媒体，营销渠道包括行业会议展示、公众号等。

还有工作坊、新闻稿、广播和电视采访等。此外，作者计划充分利用他的大客户和合格的潜在买家数据库，直接营销这本书，并与所有流行的社交媒体平台，包括"脸书"、推特、领英、谷歌+、"油管"等，联合活动。

具体来说，营销工作如下：

电子邮件数据库

截至7月下旬，我们的数据库包括了18690个选择电子邮件订阅的读者，通过每周至少一次的直接联系策略，订阅数每天都在增长。我们将把这本书介绍到订阅邮件的交流中，以促进这一目标群体知晓、购买本书。注：我们将继续进行大量的谷歌广告活动，每天引导150名用户访问登录网站页面。

"油管"视频推广

自2014年1月26日以来，我们一直在积极开展谷歌视频广告活动，截至7月底，已获得20万人次的观看量。这个受欢迎的教程使我们的在线流量翻了一番。我们计划利用这段视频的热度，在视频的结尾编辑广告，包括推广本书的广告。

杰夫点评

⓭ 正如我之前提到过，我倾向把这部分信息提前。除先后顺序不当这个缺点之外，该部分很好地传达了作者将如何利用一切手段推广书籍，很有说服力。

这部分至关重要，作者组织、处理得很好。唯一一点，文案中做出的具体承诺很可能被出版商添到最终的合同中，所以不要说任何你做不到的事。

黛博拉点评

ⓝ 营销部分很棒，普通人也可以拥有有效营销策略，但得从你想到书的主题的那一刻就开始。每个作者都可以经营自己的网上形象。不要在书卖出后，再在这栏填上一堆"我将会怎样"。你的书并不会成为你的平台。如果你了解你的读者，就一定找得到方法在文案完成之前就开始接触读者。

社交媒体推广

我们通过使用市场工具尼尔森集团来识别"脸书"的关注者。自2014年4月以来,我们一直在积极这些目标细分市场推广,截至7月底,已经获得了3200多个赞。这就是对这本书感兴趣的读者。

此外,我们将直接根据书中的内容实施为期一年的策略,在领英、推特、谷歌+等所有社交媒体平台上建立我们的社交媒体影响力。

演讲及工作坊活动

作者经常在各种相关的专业会议上就创业精神和替代资金问题发言(如下所列)。作者将寻找所有其他合适的专业机构,正式申请在本书撰写和制作过程中,每年或每半年的会议上出席。作者还将通过自己的各种客户渠道,直接基于书籍和市场,设计并推出一个新的公共工作室。最具潜力的相关专业机构包括:

- 国际特许经营协会

    特许权成员1275人、加盟商12500人、供应商660人

    年会:2015年2月5—8日,拉斯维加斯

- "特许经营选择"大会

    公司拥有100多名特许经营顾问,2013年共售出2500多家特许经营

    每年的一月和七月

- **国际商业经纪人协会**

  1000多名从事企业经纪业务和并购的企业经纪人

  秋季会议：2014年11月17—22日，奥斯汀

  春季会议：2015年5月4—9日在大西洋城

- **美国退休专业人员和精算师协会**

  逾16000名专业人士积极参与退休计划策划行业

  年会：10月26—29日，马里兰州

- **科罗拉多商业中介协会**

  150+科罗拉多州当地市场的商业经纪人

  秋季会议：9月日及地点待定

作者回购承诺 ❶❹

根据库存和生产的单位成本情况，作者将承诺一次回购3000至7500本书。

杰夫点评

❶❹ 作者的回购承诺在文案中是一个决定性的刺激，告诉出版商他们的前期投资会有一定回报。出版商会希望你在最终合同中确认这一承诺，所以，如果你并不真的愿意这样做，那不要在文案中如此承诺。

图书策划案 7

《谷歌广告投放权威指南》 ❶

谷歌AdWords是当今最热门的商业话题之一

佩里·马歇尔　布莱恩·托德

佩里·马歇尔联合公司

杰夫点评
❶ 书名清晰、有力，不一定需要配副标题。

杰夫点评

❷ 实际上，这不是一份常规概述，概述应该是清晰而简明的概念陈述。这里的内容属于市场（"谁要买这本书"）部分。我们之所以接受这部分，是因为这部分有效，而且本书的概念不言而喻。

概述 ❷

这是一个热门话题，谷歌的广告客户有巨大的市场——他们在网上投放名副其实的广告：

- 谷歌是互联网上排名第一的搜索引擎。
- 谷歌AdWords是互联网上排名第一的广告媒介，约占所有网上广告支出的三分之一。
- 谷歌的广告销售额为每年50亿美元，与美国广播公司、美国全国广播公司和哥伦比亚广播公司等媒体巨头齐名。
- 谷歌拥有20多万个广告客户，从小企业到《财富》100强都有。除了贝尔黄页，谷歌拥有的广告客户比世界上任何一家公司都多。

成千上万的企业希望通过互联网获得更多的客户

现在有一股淘金热：在谷歌上做广告。谷歌拥有超过20万的广告商，非常非常具有竞争力。但这也让人非常令人沮丧——不像看起来那么简单，人们在寻找答案！《洛杉矶时报》将付费搜索描述为"最复杂的广告形式"。"需要有人把这件事简单化，这样任何人都能做到。"

因此，两年前，我花了整整一年时间研究谷歌AdWords的第一个在线版本。研究结果很快成为了一个热门、知名的在线电子书，超过5万人使用我的书、我的课程和电话会议来改善他们的在线广告投放。

书里有什么？ ❸

这个在线版本已经有两年的销售记录，有217页，另外还有几个专门主题的"讲义"，共计250多页内容。我希望能修改成纸质版出版，基础已经打好了。本书引导读者一步一步从设置过程，到详细解释的技术、策略和心理。

在文案最后，我会提供现有的在线版本的目录。

这本书有什么不寻常的地方？ ❹

如果只教谷歌AdWords本身，那么只是教读者如何花钱，而不是如何赚钱或获得新客户。本书的不同寻常之处在于，与几乎所有其他书（无论是网上还是实体）相比，本书将谷歌广告置于成功销售的背景下——从市场调研、测试，到用户友好的网页设计，再到以结果为导向的投资回报思维；本书使用谷歌作为一种非常有效的工具，向普通的企业主、营销人员和销售人员传授基本的直接营销技巧。

个人信息 ❺

佩里·马歇尔是芝加哥佩里·马歇尔联合公

杰夫点评
❸ 这实际上是概述的内容，但可能会造成混淆，因为作者过多提到在线版本的书，应该要多讲现在纸质版的书。
❹ 同样，这些信息中的大部分应该在概述部分中说明。
❺ 这里陈述的一切都很好，但是还可以提供很多信息，包括链接到作者的互联网集锦。事实上，在另一份向出版商提供的文案中有另一位作者的资料。

司公司的总裁,该公司为100多个不同行业的企业提供电子商务战略咨询。佩里是谷歌AdWords权威指南、佩里·马歇尔营销系统、撰写和推广白皮书权威指南以及几个高级谷歌AdWords课程的作者和自费出版商;也是《工业以太网》的作者,由仪器、系统和自动化协会出版,并与约翰里纳尔迪合著。

佩里将写作、技术和销售技巧罕见地结合在一起。作为一名教育工程师,他十年前进入了销售和市场营销领域,现在是全球公认的非常有才华的文案和直接营销顾问。他曾在从亚利桑那州到澳大利亚的营销研讨会上担任特邀演讲嘉宾,他的咨询费是每小时725美元,他的项目工作等候名单上有2-3个月的时间。

这本书的合著者布莱恩·托德受雇于佩里,有不同的背景。他为数十个行业的数十个客户提供咨询服务,从自助服务到高科技服务。他拥有历史和神学学位,甚至在中国教了四年英语。

这本书已经在网上异常成功了 ❻

这是谷歌AdWords在网上最畅销的书,在过去24个月里卖出了53.3万美元(电子书 + 硬拷贝,分别为49美元、97美元和197美元)。它向广告主展示了如何通过智能广告策略来购买互联网流量和建立在线销售,而支持我和我的书的人名单读起来就像一个直接营销的名人录。我有超过

杰夫点评

❻ 这是一个很好的例子:一本成功的自助出版的书如何有效地转换成传统出版书籍。出版商想要知道的是,这本书的销量并不是昙花一现,在未来将继续取得成功。

20页的客户推荐和好评。这里只是我们每周从客户那里得到的报告的一个例子：

佩里，你好！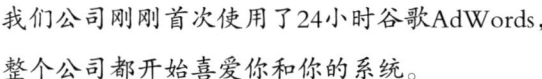

我们公司刚刚首次使用了24小时谷歌AdWords，整个公司都开始喜爱你和你的系统。

我以前曾尝试过谷歌AdWords，当时我在经营一家家庭企业，花了300美元，但一笔交易也没做成。我很高兴看到你以"错误的方式"发起了一场运动，并发现我正是这样错误的例子，这很好。

我在上周末利用你们的指导完全重建了我们的网站，并在周一下午发起了这个活动。我一直在这里调整，那里调整，结果——第一天就有1600美元的生意，我只花了5.51美元在谷歌做广告。在这个行业中，最好的（或者至少是最明显的）关键字每次点击的价格是15美元。

我不敢相信！我的商业伙伴和我兴奋异常，我们好几个月都没有这样的感觉了（好几个月我一遍又一遍打电话）。我成了佩里·马歇尔崇拜的粉丝，也买了你们的白皮书课程，预备向我的合作伙伴推荐高端课程。

这让我对使用你们的营销系统有了终极顿悟——你们不必再销售你们的产品了，我确信我在为你们销售产品。想象一下，如果我的生意也可以这样做。

杰夫点评

❼ 在这里插入这个证明是可以的，但是仔细一想，我觉得可以把这个例子留到一个专门的"证明附录"部分，甚至可以有更多例子，类似于亚马逊那样。

当我告诉所有的销售人员他们不再需要拨打陌生电话时，我期待他们坐在办公桌前，人们会给他们打电话。

这是成功的。

谢谢佩里，如果你来丹佛，我请你喝啤酒。

祝好，

乔舒亚哈特利

殖民地税务顾问公司

注：请随意在您的任何网站/材料上使用本材料。请不要提我的姓和公司名——我们是这个竞争激烈的行业中的小鱼，我不希望我最大的竞争对手知道我们在做什么。

竞争不是很激烈： ❽

关于这个主题的商业书籍相对较少：

- 安德鲁·古德曼的《谷歌AdWords的获奖结果》（尚未出版）
- 《谷歌广告A-Z》（宝瓶树出版社出版）
- 《傻瓜系列：用谷歌建立你的商业事业》（布拉德·希尔）

到目前为止，这些书都没有得到大力宣传。网上有很多书，其中最著名的是安德鲁·古德曼

杰夫点评

❽ 回想起来，我可能会删除"竞争不激烈"的评论。"公平地说，写这篇文案时，竞争相对较少，但我要强调的是，这本书非常前卫。"不要无意给人留下市场对类似主题没有兴趣的印象。而且，展示你的作品时，不要贬低其他作品，因为，这样可能会打击出版商对这个类别的书籍的信心。

的《21种方法最大化你在谷歌AdWords上的投资回报率》和克里斯·卡朋特的《谷歌现金》。还有许多其他的，但相当模糊。我的作品与这些截然不同，我在网上的声誉可以证明。（在谷歌上搜索perry marshall谷歌adwords，你就了解了。）

推广 ❾

从定义上说，我是一个有经验的市场营销和推广人员，过去的四年里，我自己发布的信息已经卖出了100多万美元。这项推广工作将继续下去，带来知名度、宣传和销售。我已经做了一些电台采访（包括马修·沃克在洛杉矶KLSX电视台的小企业节目）。事实上，2004年2月，我的一则广告刊登在《今日美国》的头版，刊登在谷歌AdWords的封面故事上。

迄今为止，我没有在平面媒体（如《华尔街日报》等）上寻求宣传机会，因为我太忙了，没有时间接电话。在之前的生活中，我为行业杂志如《机械设计》《传感器》《控制工程》和《新技术》写过许多文章。我知道编辑和记者喜欢什么，不喜欢什么。我已经知道如何讨好媒体，如果我们达成协议，我将采取这些步骤，并可能聘请一位专业公关人员。

关于宣传，我带来的最大资本是我的电子邮

杰夫点评

❾ 我首先要把这部分改作"作者推广"部分，因为出版商想要那些能够推销自己的作者。接着，要把人称改成第三人称，理由很简单：以第三人称自夸很有力量，有客观性的错觉。这里的内容很好，但是使用小标题或要点符号可能会更有组织。

件列表，包括7万多名活跃的商业人士，他们每月收到我的1－2次邮件。我可以通过我的附属机构进一步接触到30多万人。我的计划是执行兰迪·吉尔伯特首创的"亚马逊会员销售日"模式的变形。在这种模式下，人们在指定日期在亚马逊上购买图书，并获得奖金和额外服务。这通常会把一本书推到第一的位置，并打开其他分销渠道。我可以在一个现场的电话会议上让500到1000人发言，而且我每年都会在6个或更多的研讨会上发言。

然而，有些事情我不会做，不做图书签售之类的事——我认为这只是浪费时间。我会使用我手中的工具，用杂志文章和采访吸引媒体（我认为平面媒体是一个很好的目标），我会利用我的附属机构。布莱恩是合著者，他会在这方面提供充分的帮助。

共同的期望　❿

你可以期待我是一个专家作家外加经验丰富的市场营销人员，他们已经知道我如何在网上销售图书，只是把一个经过验证的产品带到一个新的分销渠道。让我坦率地谈谈我的期望和关切：

如果我选择与图书出版商签订合同，我是在知情的情况下投入了相当多的时间和精力，因为

杰夫点评

❿ 这部分不太常见，并可能很容易适得其反，让人觉得傲慢和自负。事实上，我很少允许作者这样写。但在这份文案里，作者确凿的销售记录和真正的实力，他给人的印象是一个精明、自信的商人，不是一个讨厌鬼。

我的时间很有限，不得不从一个利润丰厚的咨询实践中抽出时间来出版和推广这本书。我不完全相信这是对我有限时间的一项好的投资。所以我有一些顾虑和问题：

- 出版商会很容易合作吗？这个项目会不会像我的竞争对手安德鲁·古德曼即将出版的书那样，陷入繁文缛节的泥潭？
- 我可以在书中包含一些我很有品位的回馈提议、链接和网络资源吗？我想提供后续奖金，如果可能的话放在封面的角落里。
- 如果我在七月底之前给出一份完成的手稿，多快能在书店里出售？我以前做过一次（《以太网工业》），所以我不是新手，但我没和大出版商打交道。我希望这件事进展顺利，延误最少。

附录：当前图书目录

目录

谷歌AdWords的权威指南
佩里·S.马歇尔

第一部分：起步

1. 准备、开始、得分！快速启动指南 …… 10
2. 谷歌广告词与网络营销的今天：最新趋势 14
3. 为什么谷歌AdWords如此重要 ……… 15
4. 谷歌如何奖励你的相关性 ………………… 26
5. 如何从头开始：一个循序渐进的例子 … 27
6. 如何防止你的关键词被"搁置" ……… 44
7. "我应该使用谷歌的预算优化器吗？" 50
8. 扩展短语匹配 ……………………………… 53
9. 剖析一个真实的点击付费广告活动 …… 55
10. 你的"开始"广告内容清单 …………… 71
11. 如何在本地市场做广告 ………………… 72

第二部分：管理基础

12. 你必须知道的第一个秘密是：如何排列关键词 ………………………………… 79
13. 伟大的2004年关键词镇压：你能做什么 81
14. 在一个广告活动中应该有多少关键词？ 89
15. 负面关键词的力量 ……………………… 98
16. 资本化的力量 …………………………… 99
17. 一个强大的例子，容易测试与AdWords 102

18. 在开发你的产品之前,如何测试你的产品理念·················· 104
19. "统计学意义"——听起来很无聊,但它非常重要·················· 106

第三部分:让你的流量赚钱

20. 将流量转化为销售:成功最关键要素··· 109
21. 你最重要的数字························· 112
22. 马歇尔的网络流量转换备忘单··········· 113
23. 谷歌AdWords销售及转换跟踪········· 115
24. 销售转化率的差别非常大················ 132
25. 什么是关键字?·························· 134
26. 每个访问者和附属机构的价值··········· 137
27. 谷歌的会员政策变化:为什么这对你来说是一个好消息·················· 141

第四部分:工具、提示和技巧

28. 谷歌图像广告:利用另一种伟大的媒体 144
29. 如何使用谷歌的账户管理工具··········· 149
30. 很酷的提示和技巧生成新的关键字······ 153
31. 谷歌与序曲的重要区别·················· 159
32. 安德鲁·古德曼的广告文案"金发女孩"理论································ 162
33. 谷歌AdWords和一个独特的二八法则的扭曲···································· 163
34. 特别报道:做得少,赚得多,活得更好 168

第五部分：你的问题回答

35. "当关键词每次点击花费5-10美元时，我该怎么办？" ………………………… 171
36. 当你面临激烈的竞争：一个整洁的总结 178
37. 常见问题：你的常见问题 ……………… 179

第六部分：改善你的世界

38. 一个不同寻常的点击付费应用 ………… 204
39. 为孩子遮阴：喂养和衣服孤儿 ………… 206

第七部分：进一步的帮助和服务

40. 如何在你的活动中获得更多的帮助 … 210
41. 马歇尔提供的更多工具和资源 ……… 210
42. 我们的高分俱乐部 ……………………… 211
43. 结语：一个百万富翁商人在洗手间的自白 212

图书策划案 8

杰夫点评
❶ 我一下子就喜欢上了这个书名,预示了一种新颖的方式来介绍销售类书籍,涉及战术与技术的融合。
❷ 这份文案从开头就积极、独特,因为被设计得就像一本小册子。这种做法有时会适得其反,因为编辑可能认为你只是想转移注意力,因为你没什么可说的。但是对于这份文案,这不成问题。

黛博拉点评
ⓐ 这个标题再加上这个封面直观效果非常明显,明确告诉我们这本书是讲什么的。如果你能设计一个这样的封面,那很好,但并不是必需的。因为这看起来很专业。

《屏幕到屏幕销售:人不在场也能销售》❷

道格·德威特雷

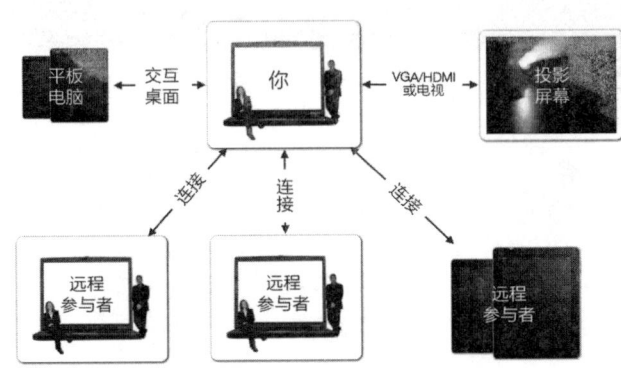

屏幕到屏幕演示

杰夫点评

❸ 概述虽不到一百字,却描绘了千张图景。

❹ 再说一遍,简洁是一把利刃,可以很容易定位客户。

黛博拉点评

ⓑ 对于此类书,这是一个理想概述,清楚且切题。这本书内容翔实,所以没有必要用更多的支持把它弄得乱七八糟。写文案时,试着想想你最擅长的卖点。如果你正在填补急迫的市场空白,要强调这一点。

ⓒ 这是一个强有力的声明。一般来说,概括性语句没达切中要害,比如,"每个人都需要这本书。"但在本书中,由于技术的变化,一个大胆的声明会很有作用。然后再进一步将其分解以支持作者的主张。

概述 ❸ ⓑ

屏幕对屏幕销售是一种销售产品和服务的方式,不需要亲自在场。

这不是旧技术的再利用。而是使用可视化技术更快地解决实际问题,让客户实时参与进来,这样销售人员就可以更快地完成更多的销售,与更多的客户建立联系,并降低运营成本。

目标市场 ❹

如果想在竞争中取胜,每个销售人员都需要这本书。 ⓒ

屏幕销售特别有价值,对于那些利用分享视觉效果来提高他们的销售演示。这类人包括:

· 金融服务销售专业人员(460万)

- 专业服务销售人员（100万）
- 房地产销售专业人员（442,000人）
- 保险销售专业人员（443,000人）
- 广告销售专业人员（15.5万人）

目录 ❺ ⓓ

第一章：我不能到场。为什么屏幕对屏幕销售是销售你的产品和服务的新方法

- 我卡住了。当交通堵塞，航班取消时该怎么办？
- 世界是长方形的。国际买家如何从你的屏幕上做出决定。
- 运输费用收回。不到场可以帮你省下一笔钱。
- 这是给我的吗？谁可以使用屏幕到屏幕销售？
- 一场灾难即将发生。你可以学习其他屏幕到屏幕的销售错误来避免自己犯错。

第二章：销售不是讲述。大多数销售演示的问题

- 等等，等等，啊哈！说明性与诊断性销售演示。
- 潮热时体温过低。通过测量顾客的体温来

杰夫点评

❺ 如果我之前不喜欢这位作家，我现在就不得不喜欢了。他提出了一个简短而详细的提纲。有样章，大纲不需要更详细的内容或修改了。

黛博拉点评

ⓓ 在创建大纲之前，我更喜欢将目录以简单的标题分开。这将目录与描述性文字结合起来，很好，但是对于一些书来说，会跳过重要的一步：为代理或编辑定位图书。

衡量他们的动机。
- 你在研究中的相关性。了解客户的需求。
- 问题与发问。谁掌控对话？
- 这是你自己的错。停止将技术问题归咎于客户。

第三章：技术调整。屏幕到屏幕销售你将需要的工具。

- 鸡还是蛋？如何优先选择你需要的技术进行屏幕对屏幕销售。
- 您的屏幕到屏幕空气供应。为了共享你的屏幕，你必须有互联网连接。
- 请继续下载。屏幕到屏幕销售你将用到的软件。
- 应用程序打包，平板电脑捆绑。在屏幕对话该使用哪些应用程序。
- 拽出我的手写笔。为什么手写笔比用手指更好？

第四章：我们真的需要预约吗？当准备没有你想的那么必要时。

- 存档和访问。检索你头脑中的数字图书馆。
- 我还没有准备好。为什么你不需要为每一个会议做准备。
- 现在停止一切。当电话响了，客户需要你的时候，你该怎么办？

- 临时会议和如何在一分钟内准备通知。
- 制作演示文稿的劳动强度。

第五章：日历上的记上日期。寻找屏幕到屏幕的约会。

- 数字灾害。在开始拨号之前避免这些错误。
- 我应该分享还是应该离开。如何决定何时与潜在客户分享你的屏幕。
- 客户稍后会感谢您的。如何节省时间安排约会。
- 电话、Skype，还是约会？物流的屏幕到屏幕会议。
- 多个决策者。安排与团队和国际客户的屏幕会议。

第六章：接近表演时间。如何准备屏幕对屏幕会议的最大影响。

- 避免设备功能障碍。如何及时设置你的技术。
- 拿着手机。我们怎么给每个人打电话？
- 我们聊一聊吧。网上聊天如何节省每个人的时间。
- 第一印象。开场幻灯片奠定了基调。
- 如果有人来晚了不能参加怎么办？如何以最小的努力让迟到的人打电话。

第七章：表演时间！当顾客拿起电话时该说什么？

- 准备、开始、得分！如何避免错误在对话开始前。
- 你是我可以信任的人。如何用视觉效果与客户建立良好的关系。
- 你好，我的名字是……如何控制对话。
- 到底该轮到谁了？什么时候画画，什么时候听。
- 下一个视情况而定。他们说的不是他们想要的。

第八章：Decisual。炸药的诊断工具。

- 什么是decisuals？和视觉有什么不同？
- 自己做决定。为最大影响创建决策的工具。
- 填空。截图如何节省每个人的时间。
- 在心中看到结局。图像前后如何显示结果。
- 图表，图表，图表，天哪！细节在数据中。

第九章：哇！这是很酷。您必须掌握演示的快捷方式。

- 按键盘比点鼠标好。为什么键盘每次都胜过鼠标。
- 合作网上冲浪。如何集体上网解决实际问题。
- 移动设备显示。如何在多个屏幕上镜像应用程序。
- 快速的图像检索。如何组织视觉和决策以便快速交付。
- 令人着迷的思维导图。如何使用思维导图软件与客户合作。

第十章：不要挂电话约翰！在你做这些事情之前不要结束电话。

- 澄清或确认。如何判断您是否满足了客户的期望。
- 下一个什么？如何以书面确认下一步的步骤来推进销售。
- 问还是不问。什么时候要求出售或另约时间。
- 让我们再见面。下一个屏幕对屏幕的会议。
- 以微笑结束。如何给人留下一个人性化的印象。

第十一章：他们说，是的！如何节省填写表格的时间。

- 要是约翰·汉考克现在能看到就好了。在线签名如何为您节省时间。
- 纸或塑料？网上表格如何取代纸张和墨水。
- 速度比传真。你可以使用哪些工具来节省网上填写表格的时间？
- 停止滚动的疯狂。屏幕共享如何节省填写复杂表单的时间。
- 从后面到后面。当印刷纸张时，协议是绝对必要的。

第十二章：视觉总结。你的竞争对手永远不会给你的优势。

- 数字餐巾。如何创建调用的可视摘要。
- 龙飞凤舞的字体还是手写体匹配。当你看不懂自己的笔迹时该怎么办？
- 哎呀，我忘了说了。如何用你在电话中没有用过的视觉效果来加强你的论点。
- 失踪的视觉。点击发送前的最后一步。
- 闪电快速交付。最快的方式发送你的笔记使用正确的渠道。

第十三章：质量和培训目的本通话将被录音。每一次谈话都会让下一次变得更好。

- 我没听错吧？如何确保客户告诉你你需要知道的。
- 你说的对吗？如何确保你的语言与你想要传达的信息相匹配。
- 我证明对了吗？如何录制和观看一个视频、通话，便于回放。
- 我闻到了吗？如何知道客户什么时候理解了你想要表达的观点。
- 过渡感觉对吗？如何提高你的演讲技巧，

以备下次通话之需?

第十四章：到移动设备的屏幕：如何启动屏幕，在任何地方屏幕会议。

- 送我去斯科蒂。视觉瞬间移动以实时显示。
- 那不是蜂鸟，那是一架无人机。无人机如何影响购买决策，以及为什么你需要知道它们是如何工作的。
- 你能指给我看那房子吗？如何出售对象和空间，从您的屏幕上的同时进行。
- 我们把虚拟的东西变成现实。展示你的产品或服务的技巧和工具。
- 更善于思考。如何最大限度地利用屏幕上的共享选项。

第十五章：屏幕到屏幕呈现：如何吸引听众迅速解决实际问题。

- 画还是不画。在演讲过程中，什么时候以及如何使用幻灯片。
- 实时幻灯片操作。参与者如何实时创建您的视觉效果。
- 上帝的声音。如何引入不在场的第三方参与。
- 你永远也得不到摄像机的帮助。在偏远地区开会的障碍。

- 从后面到后面。当屏幕对屏幕不起作用时该怎么做。

第十六章：屏幕到屏幕网页：如何使用在线研讨会参与者购买。

- 在线研讨会。为什么你的幻灯片就是死亡之吻。
- 我等不及看你接下来画什么了。白板如何在整个网络研讨会中保持注意力。
- "打小报告"研讨会。如何使用推特标签让讨论继续下去。
- 哎呀！避免在屏幕对屏幕的网络研讨会上出现大量错误。
- 多走一英里。如何利用你的应用程序使用屏幕共享。

第十七章：屏幕到屏幕会议室：在生活如何影响决策会议。

- 我现在能看见你了。会议室与远程演示有何不同？
- 设置的技术。如何最大限度地在会议室设置技术的影响。
- 房间的布局。你和其他人都坐在哪里？
- 停止，开始，冲刺。什么时候听，什么时候说，什么时候控制屏幕。
- 最后的话。如何结束会议，以便确定下一步的步骤。

第十八章：屏幕到屏幕营销：如何利用对话期间所花费的时间用来营销。

- 对话被俘。如何为内容营销策划和重新定位新的对话。
- 视频面试。为"油管"、博客和社交媒体录制对话视频的步骤。
- 白板上的视频。一步一步的过程，比你妈妈看到的更多。
- 和你的人一起播客。如何从对话中创建一个播客，这样其他人就可以在他们的车里收听了。
- 你不必写博客。如何快速将对话记录下来，用于博客文章。

第十九章：交叉销售、提升销售、挖掘潜力。如何在多个产品和服务中可视化地注册客户。

- 亚马逊你的简报。演示多个选项，以帮助客户更好地解决问题。
- 购买路径。如何通过交易透明化来避免买家反悔。
- 你愿意为我做这些吗？如何增加您的报价的有形、无形和外围利益。
- 我的朋友也可以买吗？如何在屏幕到屏幕调用期间增加推荐的数量。

第二十章：屏幕到屏幕矩阵：你需要知道、改进和掌握。

- 更多的收入。增加销售预约和演示文稿的转换。
- 节省了钱。通过选择负担得起的工作和旅行成本的工具来降低运营成本。
- 节省时间。减少团队成员和客户的决策时间。
- 节省时间。减少客户服务响应时间。
- 客户满意度。增加引荐次数，回头客和客户满意度。

杰夫点评

❻ "引言"部分写得很好，但是放错了地方，可能会引起一定程度的混乱。简单的解决方法是把这部分移到"样章"部分。

黛博拉点评

ⓔ 这部分是对本书的大致描述。我把它命名为"引言"，但我认为这是"样章"。这部分很好地解释了为什么要写这本书，但是如果它是这本书的引言，应该更直接地展示给真正的读者。

引言 ❻ ⓔ

想象一下，如果你可以跳过你的电脑屏幕来帮助你的客户。你能节省多少时间？你能节省客户多少时间？你不用出差会省下多少钱？

路上的汽车比以往任何时候都多，机票的价格更高，旅游预算正在缩水，更不用说不可抗力阻止我们与客户面对面。我们想要见面几次就见面几次是不可能的。

那么，如果你真的想帮助客户做出更好的决定，但又不能亲自到场，你会怎么做呢？

新技术使我们能够以一种前所未有的方式与客户建立联系。你可以通过Skype与客户面对面交流，举办一个网络研讨会来展示你的产品和服务，或者使用稳定的电话进行交流。问题是许多销售人员不知道如何使用这种技术，错误地开始对话，或者依赖于那些过时的旧系统和工具。

客户希望解决他们的问题，但没时间去摆弄您使用的技术。他们没有时间整理互联网上的页面来找到他们需要的信息。不管什么原因他们没有时间做同样的事情两次。

销售的最大趋势是缩短销售周期。

通过使用成本更低、可在多种设备上工作且易于使用的新技术，组织交易的销售专业人员可以为客户节省大量浏览的时间。

本书教销售专业人员如何在不在场的情况下销售，使用每个人都能接触到的新技术，以及知道接下来会发生什么。 **f**

竞争书籍　**7**　**g**

（1）

《白板销售：可视化销售》，科瑞·索莫斯、大卫·詹金斯著，由约翰·威利父子出版。

杰夫点评

7 如果有"竞争部分大赛"，我会把票投给这份文案的"竞争书籍"。重要的是，作者显示出他确实读过这些书，并且对书中的内容有清晰的认识，知道自己的书的定位。这部分通常有点鸡肋，但作者把这部分变得举足轻重。

黛博拉点评

f 如果这是书的实际"引言"部分，那它可以是这样："本书将教会你如何像专家一样销售，如何……"。

g 这是一个"竞争"部分处理得非常有效的例子。作者在不贬低其他书籍的情况下，使自己的书与众不同，清楚地表明他的书填补了这一空白。

http://www.amazon.com/Whiteboard-Selling-Empowering-Through-Visuals/dp/1118379764

这本书很好地介绍了使用视觉来解释先进的概念，但没有分享前景：销售专业人员如何可以转换使用互动对话。

（2）

《幻灯片科学：创造伟大演讲的艺术与科学》，南希·杜阿尔特著，欧莱利传媒出版。
http://www.amazon.com/slide-ology-Science-Creating-Presentations/dp/0596522

这是一本非常具有视觉吸引力的书，通过创建简单而有效的幻灯片来影响决策者。这种呈现风格的缺点是它是说明性的，而不是诊断性的。

（3）

《80/20销售与营销》，佩里·马歇尔著，企业家出版社出版。
http://www.amazon.com/80-20-Sales-Marketing-Definitive-ebook/dp/B00CGNRVHE

佩里的例子类似于我们过去看到的帕累托原理的例子，将自己的现实生活中的例子应用于如何赚得更多，赚得更少。这本书的问题在于未包含销售时与客户的对话。我的书弥补了这部分：当有一个重要场合，你需要在不在场的情况下改变客户的想法。

（4）

《视觉领导者》，戴夫·西贝特著，约翰·威利父子出版社出版。

http://www.amazon.com/Visual-Leaders-Visioning-Management-Organization/dp/1118471652

这本书很好，与其他致力于创造视觉表现的领导者合作，以减少战略和运营决策时间。在我看来，这本书不足之处在于，没提到这些视觉效果是如何与不在场的团队共享的。大型组织的领导者被大的地理区域分隔开，他们需要亲自到场，《屏幕到屏幕的销售》填补了这一空白。

（5）

《简化的新销售》，麦克·韦恩伯格著，由艾默康出版社出版。

http://www.amazon.com/New-Sales-Simplified-Prospecting-Development-电子书/dp/B0094J7S9Y/

迈克的实用书籍以一种任何销售专业人士都能应用的易于阅读的格式，将销售过程分解开来。《屏幕到屏幕销售》在这一点上是相似的，但是添加了通过技术组件来销售的部分。

（6）

《旋转销售》，尼尔·拉克汉著，R.R.出版社出版。

http://www.amazon.com/SPIN-Selling-Neil-Rackham/dp/0070511136

尼尔的书是一本经典之作，对于任何销售专业人士来说都是必读之作，剖析了销售的过程和心理。我相信，我的书是这本书的演变，整合了最新的技术，向大大小小的公司销售服务。

（7）

《解释的艺术》，勒菲尔·李著，约翰·威利出版社出版。 **h**

http://www.amazon.com/The-Art-Explanation-Products-Understand/dp/1118374584

李的书是使先进的概念更简单地使用图纸，缺点是它没有包含实时交互；图纸是预先制作好的，没有基于客户的需求的即时进行视觉创作。

小传 **i 8**

我小时候不是个电脑痴。除了雅达利和任天堂之外，我直到上大学才培养起对科技的热情。2000年，我在密苏里大学获得了"年度企业家奖"，表彰我在申请简历上的创新方法，也可以说，我像只老鼠尝到了奶酪的味道。然后我开始探索如何用技术手段来销售房地产。

杰夫点评

8 我喜欢这个传记。作者的职业生涯并不密集，也不漫长，主要是因为他还比较年轻。然而，他证明了自己是一个众所周知的优等生，一鼓作气的类型，当与新兴题材联系在一起时，年轻是一种资产。这并不是说中年就会是障碍，我只是在展示如何将可能的缺点（缺乏经验）转化为资产。

黛博拉点评

h 每个人都会有笔误，但作者不可以，不要经常出现笔误。

i 这篇作者介绍很好，像标题一样，短小精悍，引人入胜。展示作者的个性，这一点在出版商考虑作者能多好地推销自己时是很重要的。即使只是文案，讨人喜欢也没有坏处。

我的职业生涯是从我妈妈的地下室开始的，学习、吸收一切我能学到的东西。在我创业的头三个月，我卖出了价值100万美元的房地产，有9笔交易。在创业的头两年，我获得了认证住宅专家、认证买方代表、不动产学院认证等等10项专业认证。

在2006年我开始在圣路易斯房产经纪人协会研讨会上讲话，因为别人想了解我的业务和应用技术。2008年，我离开了房地产企业，全职专业培训和咨询。

后来，全国房地产经纪人协会引入我进入房地产买方代理理事会名人堂；全国演讲者协会授予我来专业注册凭证，在全世界演讲。

现在，在我的业余时间，我和我的未婚夫散步、弹吉他、弹钢琴、吹口琴、喂四条狗。

图书业务及市场推广计划 ❾

市场营销计划分为几个重要活动，根据这些活动的优先顺序，根据其他成功作者已证明的方法尽量多销售图书。

目标客户群包括：
- 金融服务销售专业人员（460万）
- 专业服务销售人员（100万）

杰夫点评
❾ 这部分没有问题。这里写的没一样能保证哪怕卖出一本书。坦率地说，作者没有值得夸耀的销售记录，其实这挺普遍的。不过，作者确实有效地利用和传达了他所拥有的：创新和务实的想法。列举的"战术"方法非常聪明，而且所有这些方法听起来都有道理。

- 房地产销售专业人员（442,000人）
- 保险销售专业人员（443,000人）
- 广告销售专业人员（15.5万人）

演讲、在线学习系统和奖金资源都是购买本书的附加产品。

能从这本书中获得的收入来源包括：公司销售、批量购书、房后销售、国外分销权和有声图书。

我的目标是在正式出版前卖出1万本书。我将在发货日以折扣价购买1000册，交付给我的首选客户、企业客户、批量销售，并以此作为获得更多演讲和咨询任务的营销工具。

下面是我将用来销售更多书籍的其他高影响力策略。

策略1：公司销售

我们将利用我们在金融服务、房地产、保险和专业服务行业的战略关系，寻找那些被视为精通技术的引领潮流的公司。我们将帮助那些承诺购买500本或更多书籍的公司，培训他们的销售团队，为他们的屏幕到屏幕销售制作定制视觉效果，并在书中展示他们的业绩指标作为案例研究。这将帮助他们在一本商业出版的书中将自己定位为潮流引领者，这本书将提高他们的品牌知名度，改善形象，提高公司士气。

黛博拉点评

❶ 研究下这份市场推广计划，我发现内容可能和本书不相关或不可能实现，然而，陈述是清晰的。作者展示了他已经拥有的人脉，他将如何利用这些人脉，以及他会如何拓展人脉。这部分没有满是"我将会……"，作者用了更多"我已经做了……"，更为清楚。

圣路易斯是美国最大的金融服务市场之一，这使得与那些希望保持领先地位的高管层决策者会面更加方便。这些公司包括爱德华琼斯、斯科特贸易公司、富国银行和爱滋爱德华兹。

我已经与世界上主要的企业房地产品牌建立了联系，这些品牌都是目前的客户，使我更容易在全部公司范围内销售这个概念。这些公司包括21世纪、瑞麦地产、寇德维尔·班克、科勒·威廉姆斯和世界领先的房地产公司。

此外，根据所购书籍的数量，我们可能可以为他们的组织定制5000本或更多。

策略2：用书代替费用

我准备（未婚妻同意）在2015年和2016年至少举办50场高调的演讲活动，以卖出更多的书来平衡我的演讲费，或者作为一种增值来增加我的演讲费。我去年获得演讲专业资格认证，如果要卖出更多的书，我可以填写一份日程表。过去，我的日程表似乎比较轻松，因为最近我不像以前那么积极了，因为我计划办一场婚礼，客户常常在最后一刻下订单，还接受了更多的咨询项目。一旦图书合同签订，我就会更积极地在日历上标注日期，并在合同中洽谈图书销售。

策略3：后台销售

我的目标不仅仅是让每个人都有一本书。这本书是理想的礼物，因为这本书可以应用在各种业务和我们的生活中。我的演讲项目将包括商业应用，以及我如何与5岁、3岁、1岁的侄子沟通，以驱动人们购买更多的书。即使活动策划人买书来代替演讲费，我手头上的书也足够我以折扣价在后台销售。

如果您想要我的源程序应用程序的副本，以查看我过去6年的记录，我会很高兴提供给您。此外，我在领英上的个人资料也分享了许多证明我工作的客户案例。

目前演讲日程：
- 13/12/08—全球演讲者高峰会议
- 14/01/24—佛罗里达房地产经纪人公约
- 14/02/12—马里兰高地商会
- 14/03/04—安大略省房地产协会
- 14/03/10—迈阿密房地产经纪人
- 14/03/11—迈阿密房地产经纪人
- 14/03/18—蒙大拿房地产经纪人协会
- 14/03/23—佛罗里达房地产经纪人
- 14/03/19—蒙大拿房地产经纪人协会
- 14/06/03—柑橘谷房地产经纪人协会
- 14/07/06—全国拍卖协会

- 14/08/15——佛罗里达房地产经纪人
- 14/10/16——那不勒斯房地产经纪人委员会

策略4：批量购买

对于那些为销售团队购买20本或20本以上书籍的公司，我将为他们的团队提供一个1小时的远程培训，向他们展示如何具体应用书中的概念来增加销售。

策略5：媒体的推动

我们将针对以下机构以销售更多的书籍，与他们的出版部门发展关系，担任文章的特约作者，并利用他们的渠道为媒体提供机会。

金融服务销售专业人员
- http://www.afponline.org
- http://www.afajof.org
- http://www.americanbanker.com
- http://www.insidebanking.net
- http://www.internationalfinancemaga-
  zine.com
- http://www.financialexecutives.org
- https://www.cfa.com

专业服务销售人员
- http://www.nasp.com
- https://www.psaworld.com

- http://www.tsia.com
- http://www.ifac.org

房地产销售专业人士

- http://REALTOR.org
- http://inman.com
- http://rismedia.com
- http://crs.com
- http://crb.com
- http://rebac.net
- http://wcr.org

保险销售人员

- http://www.aiadc.org
- http://www.gfiainsurance.org
- http://www.naifa.org
- http://www.aria.org
- http://www.internationalinsurancepro-fessionals.org

广告销售专业人士

- http://www.aaaa.org
- http://www.smei.org
- https://www.ama.org

注意房地产经纪人关联

我在房地产行业内的良好关系使我们比其他行业更有优势，能进入他们的媒体渠道。我目前每周为（全国房产经纪人协会）写评论，与其他销售作者建立战略关系，与他们的作品交叉推广。

- 全国房地产经纪人协会。成员达到1000000人。我与出版部有着密切的关系，他们在过去使用过我的文章和想法。潜在的焦点包括采访、预发布活动和网络研讨会为他们的成员。他们同意让我在制作稿件的同时发表客座文章，以推广书中的概念。
- 每个州协会都有一个通讯部，为11.8万到1000名会员提供服务。我过去曾为这些刊物写过文章。请请求示例。
- 真正的趋势。真正的趋势代表了该行业的顶级经纪人和经理人。我过去曾为他们写过文章。
- 曼的消息。这是一个最大的独立媒体渠道除了协会。我曾经在他们的文章中出现过。

全国演讲者协会成员和作者

通过在全国会议、冬季实验室和志愿活动中发言，我为全国演讲者协会做出了贡献，这使我能够与《纽约时报》畅销书作者和业内其他拥有大名单的专业演讲者建立起令人难以置信的关系。我将能够要求他们：

1. 撰写客座博客文章，增加图书销售登录页面的访问量。
2. 在谷歌+、谷歌环聊上与销售思想领袖共同主持视频访谈，交叉推广推动搜索引擎优化和销售页面链接的书籍和概念。

策略6：地面攻击

当我去工作的城市旅行时，我将面对面地给财富500强公司、5000家公司和当地的媒体渠道打电话，与决策者们安排会议。

策略7：在线销售渠道

《屏幕到屏幕销售：人不在场也能销售》不仅仅是一本书，是一种实用的指导方法，涉及向客户销售服务过程中的许多步骤。我将提供我的屏幕到屏幕销售学习管理系统，为那些想要更多的建议和报价每人97美元。每个购买学习管理系统的人都会免费得到一本精装书，我会直接邮寄给他们。例如，如果这本书的零售价是34美元，而书籍和学习管理系统套装是97美元，那么如果他们现在就采取行动（制造紧迫感），他们将节省34美元。

筛选的顺序包括：

1. 建立网络研讨会系统http://screento-screenselling.com/webinars，介绍人

们在尝试通过电话和网络销售时所犯的错误，建立列表并交叉销售图书，促销《屏幕到屏幕销售》学习管理系统。
2. 如果他们不买书籍和学习管理系统套装，他们将被插入一个10电子邮件后续系列，提醒他们在书中的关键概念。每封电子邮件将包括一封购买这本书的电子邮件。

策略8：销售页面

移动响应式销售页面将允许客户通过亚马逊、购物车或任何其他推荐销售渠道购买该书。

策略9：电子邮件推广、内容营销、社交媒体、PPC和搜索引擎优化

活动包括但限于：

1. 电子邮件列表5000+ 销售专业人士谁参加了我的200+ 现场演示在过去6年。
2. 发送搜索引擎优化优化新闻稿到高权威的新闻服务，建立到销售页面和媒体请求的链接。
3. 利用领英的广告、专业销售领英群组来促进图书销售，并与3426个链接的好友分享最新信息。
4. 制作"油管"视频，演示如何将软件集成在一起，角色扮演对话，以及其他操

作指南，这些操作指南会增加图书登录页面的流量。
5. 创建Slideshare/PowerPoint演示文稿，增强到图书销售页面的过程和链接。
6. 让"脸书"上的朋友（3300+）加上"脸书"粉丝页面的粉丝（2100+）参与到教育内容中来，鼓励他们购买这本书。
7. 实施链接建立策略，以推动流量到销售页面。
8. 针对销售人员和销售团队实施"脸书"广告。
9. 写博客文章，增加销售登录页面的流量。
10. 在推特上用问题和内容吸引4000多名关注者购买本书。
11. 使用安全的在线购物车生成销售，以便接收订单。
12. 亚马逊简介和电子书发行的名单建设和图书促销。
13. 利用现有的关系，与其他"销售"专业发言者现有的平台和名单，具有较高的知名度。
14. 为销售思想领袖和现有作者撰写博客文章，以提高该书的知名度，从而促进图书销售。
15. 与销售思想领袖和现有作者一起主持电话会议，提高图书的知名度，促进图书销售。

图书推广福利 ⑩ Ⓚ

图书客户将获得免费的精英会员资格,以获取额外的资源。

包括:

- http://screentoscreenselling.com/recommended-books/
- http://screentoscreenselling.com/recommended-books/
- 屏幕对屏幕哲学(26页PDF)https://www.dropbox.com/s/hzd2ksbovcqrwa0/Screen_to_Screen_Selling_Philosophy.pdf
- 象印笔记下载列表
- 记录网络研讨会

我们还提供精英会员资格,以说服其他人购买更多书籍。例如,精英会员可以获得5本书和额外的资源(这可能会改变)。

这些包括:
- 视频
- 步骤工作簿
- 对筛选者进行专家筛选的额外面试
- 即插即用资源(右侧示例)

角色扮演练习、视频和模板,将用在以下专业人士。

杰夫点评

⑩ 这是我唯一一次看到一个专门的"福利"部分,我觉得这部分应该可以经常使用。我不确定这里的内容是否真的能提高读者体验和收获,不过,文案也不需要处理这一块的问题。让编辑读到这一部分,可以让编辑更了解作者在网上的经营。

黛博拉点评

Ⓚ 对于未来的营销部分,作者可以更有创造力。只要是现实的手段就可以,你不是在作承诺,而是在显示出你对的自己的作品很认真,也有信心;也可以进一步实践你的平台。

- 咨询顾问
- 房地产销售专业人士
- 抵押贷款发放者
- 保险
- 金融服务
- 网站/应用设计师
- 会计
- 律师
- 专业演讲人员